Feste fei...

Warum wir unsere Feier...

Herausgegeben von
Luzius Müller, Hans-Adam Ritter und Roger Thiriet

T V Z
Theologischer Verlag Zürich

Bibliografische Informationen der Deutschen Nationalbibliothek
Die Deutsche Nationalbibliothek verzeichnet diese Publikation in der
Deutschen Nationalbibliografie; detaillierte bibliografische Daten
sind im Internet über http://dnb.d-nb.de abrufbar.

Umschlaggestaltung
Designersfactory Basel

Satz
Claudia Wild, Konstanz

Druck
ROSCH-BUCH, Scheßlitz

ISBN 978-3-290-17830-7
© 2015 Theologischer Verlag Zürich
www.tvz-verlag.ch

Inhaltsverzeichnis

Passion und Ostern

Auffahrt und Pfingsten

Erntedank und Bettag

Einleitung

Luzius Müller

Die protestantischen Basler sind nicht eben für gutmütige Geselligkeit und überbordende Festlaune bekannt. Sie arbeiten calvinistisch diszipliniert und erachten dies als ihren gottgefälligen Dienst. Sie sind wohlhabend, aber zeigen es nicht. Sie sind liberal gesinnt, humanistisch gebildet und selbstgenügsam, um nicht zu sagen: arrogant. Ihre Fasnacht ist streng reglementiert und in hermetischer Weise ironisch. Etwa so werden die protestantischen Basler gerne beschrieben – ganz falsch ist dieses Cliché nicht.

Wozu also führte die Evangelisch-reformierte Kirche Basel-Stadt 2014/15 eine Kampagne mit dem Titel «feste feiern» durch? Damit die protestantischen Basler sich etwas heiterer und festlicher geben? Weil es in der Stadt am Rheinknie zu wenig Events gibt? Nein. Unsere Kirche hat im 21. Jahrhundert unter anderem die wichtige und noble Aufgabe, die biblische und christliche Überlieferung in Erinnerung zu halten; damit unsere Kinder und Kindeskinder wissen, warum wir unsere Feiertage haben. Die kirchlichen Feste beziehen sich auf biblische Grunderzählungen, näherhin auf die Geschichte Jesu Christi, und wesentliche kirchliche Ereignisse. Diese sollen und dürfen nicht in Vergessenheit geraten! Unsere Kampagne konzentrierte sich auf fünf Festzeiten:

- Advent und Weihnachten
- Passion, Karfreitag und Ostern
- Auffahrt und Pfingsten
- Erntedank und Buss- und Bettag
- Reformationssonntag

Ich bin mir nicht ganz sicher, ob diese Festzeiten uns wirklich dabei helfen, unsere Zeit besser einteilen zu können, bewusster durchs Jahr zu gehen oder kulturelle Identität und Gemeinschaftssinn zu entwickeln, wie immer wieder behauptet wird. Es kommt

wohl wesentlich darauf an, wie diese Festzeiten begangen werden, damit sie allenfalls eine solche Wirkung entfalten können.

Hierbei werden sich die Basler Protestanten allerdings keine Vorschriften machen lassen wollen. Denn der individuellen Formen zu feiern sind viele und schliesslich sollen diese Feste nicht nur kollektiv gefeiert, sondern – in protestantischer Manier – auch persönlich verinnerlicht werden. So führt die protestantische Freiheit zu ganz unterschiedlichen Möglichkeiten der Auseinandersetzung mit der christlichen Tradition: Das ist gut so.

Unser kleines Buch will diesem Aspekt Rechnung tragen. Zu jeder Festzeit finden sich in dieser Schrift mehrere kurze Beiträge verschiedener Autorinnen und Autoren. Jedes Kapitel wird mit einer biblischen Betrachtung eingeführt. Sie soll an den biblischen Bezug des Festes erinnern und die einschlägigen biblischen Texte kurz interpretieren. Im Weiteren finden sich sodann ganz unterschiedliche Zugänge, die in der Summe einen Ausdruck der Vielfalt bilden, wie mit diesen Festzeiten umgegangen werden kann. Auch nicht-protestantische Gäste kommen hier zu Wort. Vollständigkeit konnte nicht beabsichtigt sein; vielmehr ging es uns darum, jeweils ein farbiges Spektrum von Aspekten der fraglichen Festzeit zu erzeugen. Diese Spektren mögen anzeigen, dass der Basler Protestantismus ganz so grau und selbstbezogen vielleicht doch nicht ist. An dieser Stelle sei all jenen herzlich gedankt, die an diesem Buch mitgeschrieben und mitgearbeitet haben.

Die Kampagne wurde mit einer Predigt von Margot Käßmann am 1. Advent im Basler Münster eröffnet. Ihre Predigt findet sich zu Beginn des Buches. Es folgen fünf Kapitel mit den Texten zu den Festzeiten. Jedes Kapitel zeigt auch das zum Fest gehörige Plakat unserer Kampagne. Fotografische Impressionen der Aktivitäten im Jahr der «feste-feiern»-Kampagne sind ebenfalls eingestreut. Ein Beitrag von Eva Herzog, der für die Kirchen zuständigen Regierungsrätin, schliesst unsere Schrift würdig ab.

Gastpredigt zum Beginn der Kampagne «feste feiern»

Margot Käßmann

Liebe Gemeinde,
was ist Ihr Lieblingsfest im Jahreskreislauf? Die Weihnachtsfeier? Ihr Geburtstag? Ostern? Fastnacht hier in Basel? Hoffentlich sagt niemand: Halloween!

Und wie feiern Sie gern? Eher leise, zurückgezogen? Oder mit vielen, gross, mit Buffet und Musik?

Wie auch immer: Feste tun gut. Sie lassen uns auftanken für den Alltag. Lange bereiten wir sie vor, freuen uns darauf. Ich denke an die Hochzeit meiner Tochter im September dieses Jahr. Wie liebevoll haben alle geplant. Das Brautpaar hat überlegt, wer eingeladen wird. Die Gäste haben sich abgesprochen, welche Geschenke und welche Überraschungen sie gestalten können. Es war ein wunderbares grosses und heiteres Familienfest, an das wir uns alle gern erinnern werden. Einer meiner Freunde aber, so ein richtiger Altachtundsechziger sagte: «So ein Tamtam, wir haben uns damals einfach den Wisch beim Standesamt abgeholt.»

Ach, da sind die Jungen wohl wieder klüger, denke ich. Denn so ein Fest ist ja nicht nur Inszenierung eines Paares, sondern im besten Sinne des Wortes Feier. Da treffen sich Familien und Freunde, alle kleiden sich besonders, und so kommen Gemeinschaft und Wertschätzung zum Ausdruck. Ja, das war in den 70er und 80er Jahren anders. Damals kleidete man sich besonders lässig: Jeans und Sweatshirt statt Anzug und Krawatte. Eine Abiturfeier gab es zu meiner Zeit nicht, das Zeugnis wurde schnöde per Post zugeschickt. Aber als meinen Töchtern Jahre später in festlichem Rahmen ihre Abiturzeugnisse überreicht wurden und es gar einen «Abiball» gab, hat mich das sehr berührt.

Die Bibel weiss, dass der Mensch einen Rhythmus braucht, ja selbst Gott braucht eine Balance zwischen Schaffen und Ruhen. Tiefe Lebensweisheit können wir hier finden. So haben wir es eben aus dem dritten Buch Mose im 23. Kapitel gehört:

«Und der HERR redete mit Mose und sprach: Sage den Israeliten und sprich zu ihnen: Dies sind die Feste des HERRN, die ihr ausrufen sollt als heilige Versammlungen; dies sind meine Feste: Sechs Tage sollst du arbeiten; der siebente Tag aber ist ein feierlicher Sabbat, heilige Versammlung. Keine Arbeit sollt ihr an ihm tun; denn es ist ein Sabbat für den HERRN, überall, wo ihr wohnt.» (Lev 23,2 f.)

Nach diesem Sabbatgebot folgen die Gebote für weitere Festtage: Passah, das Fest der ungesäuerten Brote, das Erntefest, das Opferfest. Das Leben des Volkes Israel sollte sich gliedern nach diesen Festen, die Erinnerung an Vergangenes und Innehalten in der Gegenwart bedeuten.

Lassen Sie uns dem Thema «Fest» aus Anlass der Eröffnung Ihrer Credo-Kampagne «feste feiern» in drei Punkten ein wenig nachgehen:

1. Wir brauchen Feste

Oh ja, den Evangelischen wird nachgesagt, dass sie nicht richtig feiern können. Karnevalsmuffel seien sie und überhaupt hätten sie es nicht so sehr mit der Sinnlichkeit. Und da sind die Schweizer Reformatoren Calvin und Zwingli noch stärker gemeint als der Deutsche Martin Luther. Allein schon die Porträts aus dem 16. Jahrhundert zeigen, dass Luther weit weniger Asket war als Calvin ...

Aber das Urteil einer fehlenden Sinnlichkeit ist eine völlige Fehleinschätzung, wenn wir auf die Reformatoren insgesamt zurückblicken! Ein Beispiel: Zölibatäres Leben galt als vor Gott angesehener, gerader Weg zum Himmel sozusagen. Viele Reformatoren gaben mit ihrem Schritt hin zur Ehe ein Beispiel dafür, dass auch Leben in einer Familie, mit Sexualität und Kindern von Gott gesegnetes Leben ist. Die öffentliche Heirat von bisher zölibatär lebenden Priestern, Mönchen und Nonnen war ein theologisches Signal. Die Reformationshistorikerin Ute Gause erklärt in ihrer Antrittsvorlesung an der Ruhr-Universität Bochum, dies sei eine Zeichenhandlung gewesen, die «etwas für die Reformation Ele-

mentares deutlich machen wollte: die Weltzuwendung und demonstrative Sinnlichkeit des neuen Glaubens.» Nun wird ja den Evangelischen im Land eher unterstellt, dass sie weniger sinnlich seien als die Römisch-Katholischen oder die Orthodoxen. Die Reformatoren aber wollten gerade deutlich machen: Weltliches Leben ist nicht weniger wert als priesterliches oder klösterliches. Es geht darum, im Glauben zu leben im Alltag der Welt.

Luther konnte dabei übrigens ungeheuer modern sein. Es geht darum, ob gestandene Mannsbilder sich lächerlich machen, wenn sie Windeln waschen. Hören wir also mal kurz original Martin Luther:

> *Wenn ein Mann herginge und wüsche die Windeln oder täte sonst an Kindern ein verachtet Werk, und jedermann spottete seiner und hielte ihn für einen Maulaffen und Frauenmann, obwohl er's doch in [...] Christliche[m] Glauben täte; Lieber, sage, wer spottet hier des anderen am feinsten? Gott lacht mit allen Engeln und Kreaturen, nicht, weil er die Windeln wäscht, sondern weil er's im Glauben tut. Jener Spötter aber, die nur das Werk sehen und den Glauben nicht sehen, spottet Gott mit aller Kreatur als der grössten Narren auf Erden; ja sie spotten nur ihrer selbst und sind des Teufels Maulaffen mit ihrer Klugheit.* (Weimarer Ausgabe, Bd. 10, S. 296 f.)

Das heisst: Es kommt nicht auf das Geschwätz der Leute an. Es kommt darauf an, dass ich mein Leben vor Gott und in Gottvertrauen lebe und damit Rechenschaft gebe von der Hoffnung, die in mir ist. Und: Die Aufgabe, Kinder grosszuziehen, ist Teil der Schöpfung Gottes, sie ist Teil der Existenz von Mann und Frau. Das Leben im Alltag der Welt mit seinen Herausforderungen und seinen Festen ist Teil des Glaubenslebens, darum ging es allen Reformatoren. Also, feiern wir!

2. Wir brauchen Rhythmen

Wir brauchen Feste und Feiertage! Sie gliedern unser Leben. Burn-out, das heute als Krankheitsmuster in der westlichen Welt um sich greift, hat als Ursache, dass Menschen keinen Rhythmus von Schaffen und Ruhen mehr finden. Und das ist ja inzwischen kein individuelles Problem mehr, sondern unsere ganze Gesellschaft droht, einem kollektiven Burn-out zu unterliegen. Alles wird beschleunigt, alles muss immer gleich sein. Shoppen rund um die Uhr, erreichbar sein sowieso, das Smartphone liegt auf dem Tisch beim Arbeiten, beim Essen, ja selbst neben dem Bett. Manchmal frage ich mich, wie wir in den Tagen meiner Kindheit überlebt haben, als die Geschäfte samstags um 12 Uhr geschlossen und erst montags um 8 wieder geöffnet hatten! Aber wir haben überlebt, in der Tat! Davon müssen wir offenbar wieder erzählen heute. Ich finde bis heute wunderbar, wenn auf einmal der Verkehr leise wird, alles etwas retardiert, weil eben Feiertag ist. In Basel mag das noch anders sein, aber in einer Stadt wie Berlin ist das nur äusserst selten zu erleben …

Wir sollten die Vergangenheit nicht nostalgisch verklären, doch wir können von ihr lernen im Guten wie im Schlechten. Wenn die Glocke um zwölf Uhr mittags läutete, hielten die Menschen inne für ein kurzes Gebet. Sie hatten keine Armbanduhr, es war die Mahnung, an das eigene Leben, auch an die Endlichkeit des Lebens zu denken.

Heute müssen wir solches Innehalten neu schaffen. Etwa, indem wir ein Morgen- oder Abendgebet in den Tag einbauen. Oder mittags kurz innehalten vor der Mahlzeit. Um eine Zeit der heilsamen Unterbrechung, der Stille geht es, sei sie noch so kurz. Wenn wir die Kostbarkeit der Lebenszeit bedenken, fallen manche Entscheidungen gewiss anders aus. Feste lassen sich feiern, machen aber auch nachdenklich. Der Auszug aus der Knechtschaft, der in Israel gefeiert wird bis heute. Was ist denn Freiheit für uns heute? Nur Libertinismus, jeder mache doch, was er will? Oder Freiheit für andere, ein Aufbruch in die Solidarität? Ein Fest gibt Anlass, in dich zu gehen. Nicht als Drohung, sondern als Ermutigung! Es ist ja gerade nicht der drohende Donnergott, vor dem wir Angst haben sollen, der unser Leben bestimmt, sondern der Gott, dem wir uns anvertrauen dürfen. Das ist die Erkenntnis der Reformation. Wir müssen nicht ständig unsere Sünden bekennen vor Gott aus Angst vor Fegefeuer und Hölle, sondern Gott ermutigt uns zum Leben, sagt uns Lebenssinn zu.

Sehr schön zeigt das folgende Geschichte: Ein Pfarrer hat einen wunderbaren Apfelbaum. Die Kinder klauen ständig die schönsten Äpfel. Er rammt ein Schild in den Boden: «Gott sieht alles!» – das ist der drohende, Angst erzeugende Donnergott so mancher Kindheit. Die Kinder aber haben ihre Lektion gelernt und schreiben darunter: «Aber Gott petzt nicht!» …

Das können wir heute feiern: Gott sagt Ja zu unserem Leben, selbst da, wo wir Fehler machen und scheitern.

3. Wir brauchen Erinnerung für die Zukunft

Die Feste Israels, die im dritten Buch Mose beschrieben werden, erinnern alle an die Geschichte des Volkes Israel. In dieser Erinnerung soll das Volk sich verwurzeln und eine Haltung für die Gegenwart, ja eine Perspektive für die Zukunft gewinnen. Das gilt auch für heute. Im Erinnern aus Anlass unserer Feste entsteht nicht ein rückwärtsgewandtes Gedenken, sondern eine Ermutigung, die Lerngeschichte zu präsentieren. Tradition kommt vom lateinischen *tradere*, das bedeutet hinüber- oder auch weitergeben. Wenn unser Predigttext an die Feste Israels erinnert, stehe ich gerade als Deutsche da mit all der Schuld, die wir auf uns geladen haben mit Blick auf Jüdinnen und Juden. Martin Luther bewundere ich sehr wegen seiner theologischen Erkenntnis, seiner Sprachkompetenz, seines politischen Instinkts. Aber er war Antijudaist, an dieser Erkenntnis führt kein Weg vorbei. Wenn wir 2017 Reformation feiern, meint Feiertag eben auch gedenken und lernen aus der Vergangenheit. Feste sind nicht nur Karneval, auch der Karfreitag ist ja Feiertag.

Es gab ein Versagen der Vielen in Deutschland, aber auch den Mut der Wenigen, den wir tradieren. Lassen Sie mich nur kurz die Stimme von Elisabeth Schmitz hörbar machen, einer Lehrerin, die in Berlin früh erkannte, wohin der Ungeist des Nationalsozialismus

führen würde. Sie schrieb 1935 (!) in einem Memorandum noch vor der Reichspogromnacht über die Lage der Kinder:

Aber wenigstens die Kinder haben doch i. a. im ganz elementaren Empfinden der Menschen einen Anspruch auf Schutz. Und hier? In großen Städten gehen die jüdischen Kinder vielfach jetzt in jüdische Schulen. Oder die Eltern schicken sie in katholische Schulen, in denen nach allgemeiner Ansicht sie sehr viel besser geschützt sind als in evangelischen. Und die nichtarischen evangelischen Kinder? Und die jüdischen Kinder in kleinen Städten, wo es keine jüdischen Schulen gibt, und auf dem Lande? In einer kleinen Stadt werden den jüdischen Kindern von den anderen immer wieder die Hefte zerrissen, wird ihnen das Frühstücksbrot weggenommen und in den Schmutz getreten! Es sind christliche Kinder, die das tun, und christliche Eltern, Lehrer und Pfarrer, die es geschehen lassen! (Elisabeth Schmitz, Zur Lage der deutschen Nichtarier, in: Manfred Gailus (Hg.), Elisabeth Schmitz und ihre Denkschrift gegen die Judenverfolgung. Berlin 2008, S. 199 f.)

Wer sehen wollte, konnte also sehen, und wer wissen wollte, konnte wissen. Aber allzu viele sahen weg, gerade auch Protestanten, die sich mit der Weimarer Republik nicht hatten anfreunden können.

Manches Mal wird ja danach gefragt, was wir feiern können 2017. Das können wir feiern: Es gibt eine Lerngeschichte, theologisch, ökumenisch und politisch. Beispielsweise haben Reformierte und Lutheraner wieder zueinander gefunden und können 1517 gemeinsam als Symboldatum sehen. Erst die «Leuenberger Konkordie» von 1973 hat es uns ja ermöglicht, so wie heute hier miteinander Abendmahl zu feiern.

Die Reformatoren haben uns gelehrt, aus einer Haltung des freien Gewissens heraus zu leben und uns einzubringen in aktuelle Fragen. Nur wenn wir das tun, den offenen und respektvollen Streit um den richtigen Weg wagen, sind wir zukunftsfähig und ermatten nicht in alltäglichen Belanglosigkeiten. Mich persönlich ermutigt mein Glaube, immer wieder mitzudenken, mit anderen zu diskutieren, zu lernen und auch zu streiten. Das halte ich für ein reformatorisches Erbe, das ich gern mit anderen aufgreifen und weiterführen will.

In einer Zeit, in der stetig alles neu werden soll, brauchen wir auch Erinnerung und Tradition. Nur Innovation überfordert uns. Rhythmen, Rituale und Traditionen, die wir feiern, können Halt geben in Zeiten der Irritation, des Umbruchs! Zu solchen Rhythmen gehört der Gottesdienst. Es geht nicht nur darum, ob «er mir was bringt». Nein, das wäre schon wieder eine ökonomische Verzweckung von Gottesdienst. Natürlich sind in Basel immer so viele Menschen anwesend wie heute. Aber in Deutschland gibt es Gottesdienste, die nur sehr wenige besuchen. Da zu verrechnen, was das Gehalt von Pfarrer und Organistin, der Einsatz der Küsterin und die Kosten für die Heizung summieren im Verhältnis zu den Anwesenden wäre gewiss eine ökonomische Fehlkalkulation. Aber wir sehen es als Einstimmen in das Lob Gottes in der Welt, in das Auferstehungsfest, das die Christenheit auf Erden feiert. Das ist eine völlig andere Kategorie.

Lassen Sie uns Feste des Lebens feiern! Als ich Kind war, wurde in den lutherischen Kirchen das Abendmahl maximal drei Mal im Jahr gefeiert und das meist, nachdem sich die Mehrheit der Teilnehmenden nach dem Segen verabschiedet hatte. Die Verbleibenden waren in Schwarz gekleidet und es gab ein leicht beklommenes Gefühl: Hier waren Sünder unter sich!

Heute haben wir das Abendmahl als Fest des Lebens wieder entdeckt. Es findet mitten im Gottesdienst statt, Menschen können bunt gekleidet kommen, sie geben sich gegenseitig Brot und Wein weiter in Erinnerung an die offene Einladung, die Jesus an alle zu seinem Tisch ausgesprochen hat. Wenn wir es heute miteinander feiern, können wir evangelisch sagen: Alle Getauften sind eingeladen, weil Jesus Christus eingeladen ist. Und wir hoffen, dass eines Tages trotz aller Differenzen in der Lehre von Kirche, Abendmahl und Amt wir auch mit Römisch-Katholischen in versöhnter Verschiedenheit werden feiern können.

Ein Fest des Lebens. Lassen Sie uns die Rituale unseres Glaubens als Geländer für unser Leben wahrnehmen.

Mit dem heutigen ersten Advent zünden wir mitten in der Finsternis dieser Welt Lichter an. Im wahrsten Sinne erst eins, dann zwei, dann drei, dann vier. Ein sehr schöner Brauch. Es ist dunkel, ja! Das sehen wir angesichts der entbrannten Kriege und Bürgerkriege in der Ukraine, in Syrien, im Kongo, im Nordirak. Wir könnten verzweifeln angesichts der ertrinkenden Flüchtlinge im Mittelmeer, angesichts der Hartherzigkeit vieler in unseren reichen Ländern gegenüber den Menschen, die hier neu anfangen wollen, eine Zukunft für sich und ihre Familien suchen. Gegen all dieses Dunkel zünden wir geradezu trotzig Kerzen an.

Gebete und Kerzen können die Welt verändern. Das habe ich als Deutsche vor 25 Jahren sehr bewusst erlebt. Und so wünsche ich mir, dass unsere Feste als Christinnen und Christen heute nicht einfach eine Feier sind nach dem Motto: Just fun! Nein, wir wollen erinnern: an Schuld und Versagen, an Mut und Hoffnung. Und so können wir Feste feiern als Ermutigung zum Leben und als Kraftquelle für den Alltag der Welt.

Feiern wir also Advent – aber fröhlich bitte! Wir haben es aus dem Levitikusbuch gehört: Jubelgeschrei soll es geben und sieben Tage sollen die Menschen fröhlich sein. Wir glauben an den Auferstandenen und nicht an einen Toten. Wenn das kein Grund zum Feiern ist – in der Vorbereitung auf das Christfest, aber auch jeden Sonntag neu.

Amen.

Gehalten im Basler Münster, 30. November 2014

ADVENT UND WEIHNACHTEN

WARM UMS HERZ.

DAS GRÖSSTE GESCHENK IST GRATIS.

Gloria in excelsis deo

Andrea Spingler

Ehre sei Gott in der Höhe und Frieden auf Erden unter den Menschen seines Wohlgefallens – so singen die Engel über den Feldern von Betlehem, nachdem sie den Hirten von einer Geburt berichtet haben: Ein Kind. Für die Welt. Es liegt in einer Futterkrippe. Gott selber, ganz menschlich. Der Engelsgesang steht in der Mitte der Weihnachtsgeschichte; buchstäblich und sinngemäss. Ehre für Gott. Frieden für die Erde. Das ist Weihnachten.

Die Geburt, von der die singenden Engel berichtet haben, ist zunächst eine ganz gewöhnliche. So besonders und gleichzeitig so unspektakulär wie jede Geburt. Keine heilige, sondern eine normale Familie. Kein Glanz und Gloria über der Krippe. Der Engelchor schwebt nicht im Stall, überzuckert also nicht eine Familienszene, die wir uns gerne besonders idyllisch vorstellen. Nein, die Engel singen draussen, sie überstrahlen den Alltag, die Arbeitsnacht der Hirten. Über ihnen reisst der Himmel auf. Und im offenen Himmel, dort, wo sie schon ein bisschen mehr wissen als wir, dort wird Gott geehrt. Das Gotteslob der Engel stellt die an sich gewöhnliche Geburt in ein neues Licht. Das, was dort in Betlehem geschieht, das ist ein himmlisches Ereignis. Gott gebühren dafür Lob und Dank. Ehre sei Gott, weil er nicht in der Höhe geblieben ist.

Vom Frieden auf Erden singen die Engel weiter. Kaiser Augustus hatte zu jener Zeit für sich in Anspruch genommen, diesen Frieden, die *pax romana*, in seinem Reich hergestellt zu haben. Es war eine Zeit des Wohlstandes und der inneren Stabilität. Allerdings um den Preis brutaler Kriege an den Reichsgrenzen und bedingungslosen Gehorsams des Volkes. Es ist kein Zufall, dass die Engel erst als Zweites vom Frieden singen, nachdem von der Ehre Gottes die Rede war. Der Friede, den sie besingen, ist kein kaiserlich verordneter. Keiner, der mit Repressionen erzwungen wird. Das Heil der Welt bleibt aus, wo sich der Mensch als Heiland selbst auf den Thron setzt und sich allzu Grosses zutraut. Es blüht da, wo er sich im Wissen um seine eigene Begrenztheit und Ohnmacht Gottes Macht anvertraut. Wo er ihm und nicht sich selbst die Ehre gibt. Der Friede, von dem die Engel singen, kann sich deshalb auch inmitten von irdischem Unfrieden ausbreiten. Da, wo den Menschen die Ohren aufgehen für das Himmlische und die Augen für ein kleines Kind.

Nun, als der Engelsgesang verklungen ist, machen sich die Hirten auf den Weg – und mit ihnen durch die Zeiten hindurch zahllose andere Menschen, an denen Gott Wohlgefallen hat. Sie machen sich auf den Weg zur Futterkrippe. Noch nicht jubilierend, sondern einfach voller «Gwunder». Sie wollen sehen, was ihnen verkündet worden ist. Nachsehen, was es mit dieser Geburt auf sich hat.

Ehre sei Gott in der Höhe und Friede auf Erden unter den Menschen seines Wohlgefallens. «Wer diesen Lobgesang versteht, versteht alles», hat Martin Luther einmal gesagt. Die Hirten haben ihn verstanden. Verstehen heisst hier: Dem Engelsgesang vertrauen. Hingehen und sehen, was es mit dem Gottesgeschehen auf sich hat. Und dann still werden. Staunen. Sich beschenken lassen von einer Geburt, die Gott ehrt und die Welt zum Frieden bewegen will.

Das grösste Geschenk ist gratis

Hans-Adam Ritter

Eine christliche Buchhandlung hat in ihrer Auslage weisse Stofftaschen hängen, die mit schwarzen Buchstaben bedruckt sind: Was NICHTS kostet, ist NICHTS wert. Ich überlege beim Entziffern des etwas verschnörkelten Aufdrucks, dass die Taschen ausplaudern, warum Glaube, Kirche und der liebe Gott in einer Baisse stecken. Gratisangebote sind verdächtig, alle, die sich klug dünken, reagieren ablehnend, misstrauisch, vermuten Schund. Und da es heute darauf ankommt, schlau zu sein, noch lieber durchtrieben und ganz sicher nicht blööööd, hat man mit Religion nichts am Hut. Oder wenn, dann mit einer exotischeren als der überkommenen.

Ich habe das Weihnachtsgesumse in der Stadt gern. Den Duft der Backwaren, die Kerzen, die beleuchteten Schaufensterauslagen, die vielfarbigen Bändel, die Posaunen der Heilsarmee, die Leute, die sich mit Taschen durch die Innenstadt schieben, die Buben vor den Modelleisenbahnen, die Mädchen, die nach Pink Ausschau halten, die Trommeln, die lieber schon Fasnacht hätten, die Weihnachtsmusik, die kitschige wie die klassische, die klingelnden Trams, die sich verspäten, die Tannenzweige, die Marronibrater, die feuerroten Weihnachtsmänner, der Nieselregen. Ich kriege kalte Füsse und ein warmes Herz.

Jesus ist gratis. Weihnachten ist gratis. Ja, schon. Nur dass ich mich dafür ein bisschen anstrengen muss. Nein, nicht mit Bravsein. Es braucht auch keine moralische Anstrengung. Obwohl gegen sie nichts einzuwenden wäre. Nur muss man dazu nicht unbedingt christlich eingestellt sein, das geht auch anders. Die Anstrengung besteht vielmehr darin, nichts zu tun.

Wir sind so angefüllt bis oben hin. Mit Unsinn, mit wertvollem Gut, mit Aufgaben und Ausgaben, mit Verpflichtungen und Unterhaltungsstress. Die Mischung ist verschieden, aber zudeckend, lähmend, ermüdend. Bei allen? Bei vielen! Sich davon frei zu machen, das ist, was es braucht.

Das ist nicht kostenpflichtig. Es ist einfach, aber nicht ganz leicht. Es braucht eine mystische Anstrengung, einen Hauch davon wenigstens. Genug Abstand. Ein bisschen Buddhismus vielleicht; für die gesagt, die es exotisch lieben. Weite. Ein Weihnachtslied kann's auch sein. Und wenn es mitten im Weihnachtsgesumse wäre. Nichts ist ausgeschlossen. *O dass mein Sinn ein Abgrund wär und meine Seel ein weites Meer, dass ich dich möchte fassen.* Das ist eine Zeile aus meinem liebsten Weihnachtslied: «Ich steh an deiner Krippen hier» von Paul Gerhardt.

Von den Kerzen am Weihnachtsbaum

Christine Burckhardt-Seebass

Der erste Lichterbaum in Basel, von dem wir sicher wissen, stand in den 1820er Jahren am Bett eines kränklichen Kindes. Am frühen Morgen des 25. Dezembers hatten die Eltern, Onkel und Schwester dem Knaben die von ihnen sorgfältig geschmückte Tanne hingestellt, und der helle Schein der Kerzen weckte ihn. «Halb erschreckt staunte ich die nie gesehene Pracht an. [...] Das war der schönste Weihnachtsmorgen meines Lebens.» So schrieb der Beschenkte viele Jahre später. Was in der heutigen Zeit gut beleuchteter Stuben nicht mehr vorstellbar und mit der auf Knopfdruck erstrahlenden öffentlichen Weihnachtsbeleuchtung aus der Stadt völlig verscheucht worden ist: Die winterliche Dunkelheit war damals noch präsent, und umso beglückender musste der plötzliche Glanz vieler Kerzen an einem Baum wirken. *Das Licht scheint in der Finsternis* – ein überzeugendes neues Symbol für das Weihnachtsfest war gefunden. Der Onkel des Knaben hatte es in Deutschland kennen gelernt, und es war auch andernorts seit einiger Zeit in wohlhabenden Familien anzutreffen, wo man sich einen Baum aus dem eigenen Wald und teure Wachskerzen beschaffen konnte. Langsam breitete sich der Brauch weiter aus und drang in alle gesellschaftlichen Schichten. Von den 1860er Jahren an boten Händlerinnen und Händler auf verschiedenen Basler Plätzen im Dezember Bäume zum Verkauf an. Aus Böhmen und Thüringen kamen gläserne Kugeln und Figürchen als spezieller Baumschmuck auf den Markt. Dass Baslerinnen diesen schätzten und sorglich pflegten, lässt sich heute am Museumsbaum im «Kirschgarten» jedes Jahr bewundern.

Am Bett des erwähnten Knaben gab es keine Feier und auch keine eigentlichen Geschenke. Seinen Erinnerungen zufolge ging man an jenem Morgen zusammen in den Gottesdienst im Münster. Gabentisch und fröhliche Familien-Tafelrunde folgten erst an Neujahr. Es herrschten offensichtlich noch einige Zeit nebeneinander unterschiedliche Traditionen und Vorstellungen, wie Weihnachten zu feiern sei. Wichtig war aber, auch an andere zu denken, vor allem an Kinder und ihre seelischen Bedürfnisse. Das lag im Trend der Zeit. Wie sich das in Basel manifestierte, zeigt ein Weihnachtsbaum, der 1844 mit seinem unerhörten Glanz die halbe Stadt zusammenlaufen liess. Er stand im «Sonntagssaal für Knaben und Lehrlinge» an der Gerbergasse, einer privaten sozialpädagogischen, christlich gesinnten, aber nicht-religiösen Institution. Sie war 1831 von einigen Basler Herren gegründet worden und bot im Winterhalbjahr jeden Sonntagnachmittag jungen Leuten einen warmen Raum zum Lesen, Zeichnen und Geschichtenhören. Schlichte Weihnachtsfeiern gehörten bald dazu, auch ein kleines Geschenk, zu Beginn ein Heftlein mit Weihnachtsliedern. Die grosse Überraschung war dann der Lichterbaum, wohl der erste an einem öffentlichen Ort. Sein süsser Schmuck durfte von den Buben geplündert werden, was einmal wegen des grossen Andrangs zu einem handfesten Tumult führte. Der Weihnachtsbaum aber hatte damit auch seinen Weg aus den Basler Privathäusern hinaus in die Stadt gefunden.

Abel Burckhardts Weihnachtslied

Luzius Müller

1. Der Engel het de Hirte gseit:
Ih sag euch e grossi grossi Freud;
Ihr liebe Lütli sind mer froh,
Hütt z'Nacht isch der Heiland zue-n-i ko.

2. Und tausig schöni Engeli,
Sie singe-n-und lobe-n-und freue si,
Dass Gott an d'Mensche do unde denkt
Und ene 's Kindli Jesus schenkt.

3. O Kindli Jesus, du heilig Kind
Mit de Händlene, die no gar klei sind,
Mit dyni Aeugli so klar, so frumm,
Biss mer uf unserer Welt willkumm.

4. O Kindli Jesus im wüeschte Stal,
Bisch zue mer ko us em Himmelssaal?
Bisch zue mer ko und suechsch de mi
Und bisch my lieb klei Brüederli?

5. Du grosse Gott, wo die ganzi Welt
Erschaffe het und umme gstellt
Und der Himmel gmacht het und alli Stern,
wie hesch du * so gern!

6. D'Maria luegt ihr Kindli a,
Und der Joseph bättet, der gueti Ma,
Und d'Hirte, die so fröhlig sind,
Si kneie vor em Jesuskind.

* 's Liseli, 's Anneli, 's Roseli, der Ruedeli, der Jokebli, der Fritzli, oder wie der kleine Sänger sonst heissen mag.

7. Und ih bätt au und sing derzue:
Heig Dank, du liebe Heiland du!
Bisch zue mer ko uf unser Welt?
Kumm au in my Herzli, ach gelt? ach gelt?

Abel Burckhardt (Dialektschreibung nach der Ausgabe von 1845)

«Bisch zue mer ko» – Diesen Satz wiederholt Abel Burckhardt in seinem Weihnachtslied zweimal und formuliert so die Weihnachtsbotschaft der Menschwerdung Gottes in einfachsten kindlichen Worten. Der Theologe und Kirchenlieddichter Friedrich Spitta schreibt 1892 in einem Kommentar, über Burckhardts Weihnachtsliedern sei ein wunderbarer Duft holdseliger Kindlichkeit ausgegossen. Das vorliegende erste Weihnachtslied einer Sammlung von vier paraphrasiert zum einen die Weihnachtsgeschichte des Lukasevangeliums von der Verkündigung der Engel (1. und 2. Strophe) bis zum Kniefall («kneie») der Hirten vor dem Kinde in der Krippe (6. Strophe). Zum anderen wird das Lied zur betenden Zwiesprache des lyrischen Ichs mit dem Jesuskinde. Diese Zwiesprache reflektiert, was der Christushymnus des Philipperbriefes als die Erniedrigung und Erhöhung Jesu Christi (Phil 2,5–11) besingt: Christus, der von göttlichem Wesen sei, habe sich erniedrigt und menschliche Gestalt, ja das Dasein eines Knechts angenommen, um schliesslich durch Gott erhöht zu werden zum Herrn, vor dem sich jedes Knie beuge.

Abel Burckhardt (1805–1882) war Pfarrer, Obersthelfer am Basler Münster und Verfasser verschiedener Schriften. Zusammen mit Juliane Veronika Miville hatte er neun Kinder. Die liberale Theologie seiner Zeit betrachtete das Evangelium Jesu Christi als ein religiöses Zeugnis längst vergangener Epochen, dem man sich mit den Mitteln der damals aufkommenden Geschichtswissenschaft anzunähern habe. Ganz im Gegensatz dazu bezeichnet das lyrische Ich des vorliegenden Liedes das Jesus Kind als sein «lieb klei Brüederli» (4. Strophe). Die Geburt Jesu wird somit nicht in der Historie verortet, sondern ist in der Gegenwart des Ichs präsent. Das Weihnachtsgeschehen wird nicht bloss erinnert, sondern gleichsam vergegenwärtigt: Ja, das Jesuskind, das im Lied willkommen geheissen ist, muss als soeben geborenes gelten, das nun seine Äuglein («Aeugli») auftue und seine Händchen («Händlene») ausstrecke und vom singenden Kind folgerichtig als sein kleines Brüderchen angesprochen werden kann.

Dieser Verkleinerung und emotionalen Annäherung muss in der 5. Strophe das Bewusstsein der Grösse und Allmacht Gottes als theologische Antithese beigesellt werden. Dieses kleine Brüderlein muss zugleich als der Schöpfer der Welt verstanden werden; ein maximaler Kontrast, welcher das Ich erzittern lassen will. Sofort aber wird der nunmehr kosmisch-grosse Gott wieder als derjenige beschrieben, der sich dem einzelnen Individuum in der Person des singenden Kindes liebevoll zuwendet. Die Strophen 4 und 5 setzen sich so in kindlicher Sprache mit der spannungsvollen theologischen Thematik der Menschwerdung Gottes auseinander.

Die Form der Frage, die im Lied wiederholt Anwendung findet, verweist auf eine innere Haltung des staunenden Innewerdens: Sollte ich es richtig verstanden haben? Kamst Du aus dem Himmelssaal in den «wüeschte» Stall, mir zugute? Die Frageform lässt die der pietistischen Innerlichkeit geschuldeten Schlusszeilen zur eigentlichen Bitte an den Heiland werden: «Bisch zue mer ko uf unseri Welt? Kumm au in my Herzli, ach gelt? ach gelt?» Die sehnsüchtige Wiederholung dieser Schlussbitte bringt ins Bewusstsein, dass die Menschwerdung Gottes nicht als eine naturgesetzliche Notwendigkeit, sondern als ein freier Akt der Barmherzigkeit Gottes verstanden sein will: als des Himmels himmlisches Geschenk.

Baumlose Familienweihnacht

-minu

Es war Tante Martha, die am 1. Adventssonntag beim Tee den Vorschlag machte.

Martha war immer ein bisschen der Trockenfisch der Familie gewesen. Hier aber betrat sie dünnes Eis: «Wir könnten doch mal eine ganz vernünftige Familienweihnacht feiern ... ohne Baum. Ohne Geschenke. Wir sind alles keine Kinder mehr. Und das Geld lassen wir einer gemeinnützigen Institution zufliessen ...»

Stille.

«Nun ja ...», seufzte Mutter.

«Und was ist mit meinem Fresskorb?» – meldete sich die Omi.

«Keine Geschenke? – Euch hat's doch alle ...», rief ich aufgebracht.

Ich war damals 12 Jahre. Und bekam eine Kopfnuss: «Andere Kinder haben gar nichts ... und du hast ein Zimmer voll von Spielsachen!»

«Nun ja ...», seufzte Mutter noch einmal.

Dann war es eine beschlossene Sache: kein Baum. Keine Geschenke. Ein Check an die Winterhilfe.

Es war eine schlimme Zeit. Die ganze Vorweihnachtsfreude war irgendwie ausgelöscht – die Aufregung am Heiligen Abend wurde durch eine stille Traurigkeit ersetzt. Als die Familie schliesslich das Weihnachtsbaumzimmer betrat, wo kein Lichterbaum zum Fest rief und keine Geschenke unter den Ästen lagen – da schwebte eine eiserne Stille in der Stube. Und die Omi schnäuzte sich empört die Nase. «Das ist doch kein Fest mehr!»

Mutter stimmte wie immer «Stille Nacht» an. Niemand wollte so richtig miteinstimmen. Und als Vater mit «Oh Tannenbaum» anfing, begann die Omi zu heulen: «Welcher Tannenbaum denn? ... Kein Tannenbaum. Kein Fresskorb. NICHTS!»

Die ganze Familie schaute betreten an den Ort, wo sonst der Baum gestanden hatte.

«Jetzt habt Euch nicht so …», versuchte Martha die Stimmung aufzuheitern, «… denkt an das Geld, das vielen Menschen eine Freude bereitet. Im Stall vom kleinen Jesus gab's schliesslich auch keinen Baum. Den haben ein paar Nordlichter erfunden, damit sie ihre Tannen loswerden … und der Geschenkberg ist das Resultat gut kalkulierender Geschäftsleute …»

«Die drei Könige haben dem Christkind auch Geschenke gebracht», fauchte ich die Tante an.

«Sei nicht frech!»

Schliesslich setzte Onkel Alphonse seinen Flachmann ab: «Das hier ist echt Scheisse, Kinder … wir brauchen sofort einen Baum. Sonst macht hier jeder auf Weihnachtskoller …»

Mutter lächelte ihrem Schwager zu. «Ich kann mir nicht vorstellen, dass wir am Heiligen Abend kurz vor acht Uhr noch eine Tanne bekommen werden, Alphonse …»

Der Onkel wischte sich den Schnaps aus dem Schnurrbart: «Im Vorgarten steht die Fichte …!»

«ALPHONSE!», Martha tobte. Sie hatte eh Mühe mit ihrem Gatten und seinem Flachmann. Aber dass er ihr hier in den Rücken fiel, war das Allerletzte.

Mein Vater lachte auf. «Bravo Alphonse – ich hole schon mal die Säge …»

Eine halbe Stunde später stand die Fichte zwar etwas schief im Ständer. Aber sie stand. Und die Frauen machten sich über die vielen Schachteln her, die Mutter vom Estrich heruntergeholt hatte: «Nein, wie schön … Lotti … hier ist ja der alte Nikolaus auf dem Schlitten … und die silberne Eule, die ist doch noch von Oma!»

Es war ein aufgeregtes Hin und Her beim Baumschmücken, ein Lachen und fröhliches Durcheinander. Selbst Tante Martha war nun vom Baumfieber angesteckt. Und half allen aus der Patsche, als die Kerzen fehlten: «Alphonse … hol die zwei Schachteln aus dem Notvorrat im Keller!»

Es wurde eine wunderbare Weihnachtsfeier.

Wir sangen alle Lieder nochmals – diesmal mit so viel Feuer und Schwung, dass der Putz von der Decke rasselte. Und als dann Mutter für ein paar Sekunden im Schlafzimmer verschwand und mit einem Korb voller Geschenke wieder auftauchte, ging das

Beben erst richtig los: «Es sind keine richtigen Geschenke ... nur kleine Nichtigkeiten ... aber ganz so ohne, wollte ich dann doch nicht ...»

«ICH WUSSTE ES!», schrie nun Tante Gertrude. Sie ging zur Garderobe und tauchte triumphierend mit einer Reisetasche voller Pakete auf: «Das sind m e i n e Kleinigkeiten ...»

Als dann auch Tante Martha aus ihrer Wohnung den Fresskorb für die Omi anschleppte («Also – für die Omi wäre es eben kein Fest ohne den Korb!»), wurde es die allerschönste Familienweihnacht, an die ich mich zurückerinnern kann.

Ein halbes Jahrhundert später haben wir am ersten Adventssonntag Kaffee getrunken. Annick, die Angetraute meines Grossneffen (Martha-Seite), meinte: «Wir könnten doch diese Familienweihnacht ohne Baum und Halleluja-Zauber feiern.»

Zuerst war es still. Dann grosses Gelächter.

Annick wurde von mir sanft zur Seite genommen: «Ich erzähle dir jetzt die Geschichte von der baumlosen Familienweihnacht ...»

«Basler Brauns», «Gatoodemylängli» und «Anisbrötli»

Roger Thiriet

In Basler Küchen und Backstuben künden drei «Gutzi»-Sorten die nahende Advents- und Weihnachtszeit an: Das Brunsli, das Mailänderli und das Anisbrötli.

Das Brunsli kennt man zwar in der ganzen Schweiz; es hat aber einen besonders engen Bezug zu Basel, weshalb es auch «Basler Brauns» oder «Basler Brunsli» genannt wird. Im Kochbuch-Klassiker «Basler Kochschule» aus dem Jahr 1908 ist das Brunsli-Rezept mit einem Sternchen als typisch baslerisches Rezept gekennzeichnet. Der Autor des Werks «Das süsse Basel», Eugen A. Meier, veröffentlicht in seinem Buch ein Rezept aus dem Jahr 1750; der Volkskundler Dominik Wunderlin vom Basler Museum vermutet im «Inventar des kulinarischen Erbes der Schweiz», das Basler «Brownie» könnte sogar noch älter sein.

Zutaten: 500 g Puderzucker, 520 g rohe, gemahlene Mandeln, 80 g Kakaopulver, 2 g Nelkenpulver, 150 g Eiweiss, 1 TL Kirsch.
Zubereitung: Puderzucker, Kakaopulver, Eiweiss und Nelkenpulver gut vermischen und mit den Mandeln und dem Kirsch zu einem Teig vermengen. Diesen auf Zucker 1 cm dick ausrollen und mit Förmli ausstechen. Dann die Gutzi auf Backtrennpapier legen und bei 200 Grad 7 Minuten backen.

Nicht nur Eugen A. Meier und Dominik Wunderlin haben auf dem Gebiet der spezifisch baslerischen Weihnachtsgutzi geforscht. Auch der Basler Kochbuchautor Andreas Morel hat sich mit der Materie befasst und kam dabei nicht nur zum Schluss, dass das Mailänderli seit dem 18. Jahrhundert gesamtschweizerisch zu den Gutzi-Klassikern gehört, sondern dass es bei den Neujahrsempfängen in Basels Bürgerhäusern als quasi obligatorische Beigabe zum Gewürzwein «Hypokras» gereicht wurde. Der «Gâteau de

Milan» wurde deshalb in Basel auch noch weit in die heutige Zeit hinein liebevoll und mit dem gutbaslerischen Hang zum Diminutiv als «Gatoodemylängli» bezeichnet.

Zutaten: 250 g Butter, 250 g Griesszucker, 4 Eier, Zitronenschale, 500 g Mehl, 1 Ei.
Zubereitung: Die Butter schaumig rühren. Zucker, Eier, Zitronenschale und Mehl beifügen. Die Masse rasch zu einem Teig kneten und bis zu zwei Stunden kühl stellen. Den Teig ½ cm dick auswallen. Mit Formen Gutzi ausstechen und auf ein schwach eingebuttertes Blech legen. Mit dem verklopften Eigelb bestreichen und bei mittlerer Hitze 15 bis 20 Minuten goldgelb backen.

Seite an Seite mit dem «Basler Läggerli» hat sich das «Anisbrötli», das einstige Basler Weihnachtsgebäck längst als Ganzjahres-Leckerei emanzipiert und findet heute am Rheinknie – nicht nur in Form eines Baslerstabs in der Vitrine vom «Sutterbegg» – 365 Tage im Jahr seine Liebhaber.

Zutaten: 4 Eier, 500 g Zucker, ½ Gläschen Kirsch, 20 g Anis, 500 g Mehl, Butter.
Zubereitung: Eier und Zucker schaumig rühren. Kirsch und Anis beigeben und das Mehl sorgfältig darunter kneten. 30 Minuten zugedeckt stehen lassen und anschliessend ausrollen. In Holzmodel ausdrücken oder mit Förmchen ausstechen und auf ein mit Butter bestrichenes Blech legen. Über Nacht trocknen lassen und bei mässiger Hitze backen.

Siehe auch: www.kulinarischeserbe.ch;
Verein Kulinarisches Erbe der Schweiz (2005–2009)
und: Eugen A. Meier, «Das süsse Basel»,
2. veränderte und erweiterte Auflage (1996)

PASSION
UND OSTERN

WER'S GLAUBT, IST SELIG.

DER TOD HAT NIE DAS LETZTE WORT.

Musste der Gesalbte nicht solches erleiden?

Caroline Schröder-Field und Luzius Müller

Am Kreuz scheiden sich die Geister. Lange Zeit war es unangefochtenes Symbol christlichen Glaubens. Heute provoziert es Unverständnis: Wie kann ein Hinrichtungswerkzeug Andacht und Gottesverehrung ermöglichen? Dieses Unverständnis mag seine Berechtigung haben: Das Kreuz ist ein grausiges Folterinstrument, von Menschen erfunden. Das Unverständnis dem Kreuz gegenüber empfanden damals schon die Jünger Jesu. Sie konnten nicht fassen, was mit ihrem Herrn und Meister geschehen war. Am Kreuz wurde er hingerichtet. Doch mitten in ihrem Unverständnis gesellte sich ein Fremder zu ihnen und fragte: *Musste der Gesalbte nicht solches erleiden?* (Lk 24,26) Es ist eine Frage, nicht bereits eine Antwort! Sie weist auf die Möglichkeit hin, dass unter der Oberfläche menschlicher Machenschaften und Gewalttaten dennoch Gottes Wille geschehen sein könnte.

Karfreitag: Menschen haben den Gottessohn in ihre Hände genommen. Er aber hat sein Leben in Gottes Händen gewusst. Dennoch empfand er Angst, bat darum, dass dieser Kelch an ihm vorübergehen möge, dass er diesen schmachvollen Kreuzestod nicht erleiden müsse. Sein Gebet in Gethsemane endet: *Doch nicht mein Wille, sondern der deine geschehe.* Es folgen die Festnahme, die Verhöre und Folterungen, die Kreuzigung. Der sterbende Christus erfährt den Schmerz und empfindet die Gottverlassenheit seines Todes, wenn er mit den Worten des 22. Psalms betet: *Mein Gott, mein Gott, warum hast du mich verlassen?* Das ganze Land habe sich in dieser Stunde verfinstert. Nicht bloss dem Scheine nach stirbt Jesus am Kreuz. Sein Tod, der Tod des Gottessohnes, ist die Dunkelheit schlechthin, die Auslöschung des Lichts der Welt, die Zerstörung des himmlischen Friedens, das Verstummen des Gotteswortes. *Musste der Gesalbte nicht solches erleiden?*

Stiller Samstag: In diese Todesfinsternis hinein geht der Gottes-sohn. Das Licht versinkt in der tiefsten Düsternis. Der Himmlische geht den Weg alles Irdischen. Der tote Jesus wird vom Kreuz abge-nommen, sein Leichnam wird balsamiert und ins Grab gelegt. Ein Stein wird vor die Felsengruft gerollt. Alles schweigt still. *Musste der Gesalbte nicht solches erleiden?*

Ostersonntagmorgen: Die Frauen wollen zum Grab Jesu gehen, um ihn zu beweinen. Freudig und verstört kehren sie zurück: «Christus ist auferstanden; er ist wahrhaftig auferstanden.» Die Osterbotschaft von der Auferstehung des Gekreuzigten wird zum Ausgangspunkt der ganzen christlichen Verkündigung. Sie steht gleichsam am Anfang des Evangeliums von Jesus Christus. *Musste der Gesalbte nicht solches erleiden?* Der Fremde, welcher den trau-rigen Jüngern diese Frage stellt, ist der Auferstandene selbst. Im Lichte von Ostern wird alles erkennbar; erst der Blick zurück, von Ostersonntag auf Karfreitag, lässt Gottes Handeln im menschli-chen Tun sichtbar werden.

Nunmehr kann der Apostel Paulus in seinem Brief an die Römer schreiben: «Nichts kann uns trennen von der Liebe Gottes» (Röm 8,38 f.) – auch in der finstersten Finsternis ist Gottes Sohn, der gestorben und auferstanden ist, gegenwärtig. Auch das Erleb-nis der Gottesferne hat Gottes Sohn auf sich genommen, der Friede Gottes kennt keine Grenzen. *Musste der Gesalbte nicht solches erleiden?* Ja, er musste den Tod erleiden, um ihn zu durch-brechen, um in die Finsternis abzusteigen und sie zu überwinden. Karfreitag und Ostern verdeutlichen, was die Worte des Apostels meinen.

Ecce homo

Johannes Stückelberger

Die Basler Museen beherbergen zahlreiche beindruckende Bilder zu den kirchlichen Festen. Eines unter ihnen ist Lovis Corinths «Ecce homo» im Kunstmuseum, ein Bild zu Karfreitag. Gemalt hat es der Künstler um Ostern 1925, kurz vor seinem Tod. Das Kunstmuseum erwarb das Bild 1939 auf einer Auktion entarteter Kunst, zuvor gehörte es der Berliner Nationalgalerie. Der Kreuzigung Jesu geht gemäss den biblischen Berichten das Verhör durch Pilatus voraus. Der römische Statthalter findet keinen Grund, Jesus dafür zu verurteilen, dass er sich als Sohn Gottes, Messias und König der Juden bezeichnet. Er führt ihn dem Volk vor mit den Worten: «Seht, da ist der Mensch», auf Lateinisch «Ecce homo», worauf das Volk schreit: «Ans Kreuz mit ihm!» Anders als die Mehrzahl der Darstellungen dieser Szene zeigt Corinths Bild nur Jesus, Pilatus und einen Soldaten, nicht jedoch das Volk, das die Auslieferung fordert. Die Folgerung liegt nahe, dass wir, die wir vor dem Bild stehen, als Volk angesprochen sind. Wir werden Zeugen und Teil des Dramas, das sich in der schwülen und hitzigen Atmosphäre des Volksaufstandes abspielt. Jesus wird mit Spuren der Folter als Gefangener vorgeführt. Er trägt das rote Gewand, das ihm die Soldaten angezogen haben, um ihn als König auszuzeichnen, dazu eine Dornenkrone, in der Hand eine Rute als spöttischen Ersatz für ein Zepter. Der Soldat ist als Zeitgenosse charakterisiert, der sich in eine historische Rüstung gezwängt hat und nun die Rolle des Schlächters spielt. Auch Pilatus hat die Gesichtszüge eines Zeitgenossen, das weisse Gewand verleiht ihm das Aussehen eines Arztes oder Wissenschaftlers. Mit seiner Gestik scheint er zu fragen: Das soll der Messias sein? Er ist doch bloss ein Mensch! Ecce homo! Doch kommt er gegen das Schreien des Volkes nicht an. Jesus ist bereits im Begriff, ausgeliefert zu werden. Der Soldat drückt ihn mit seiner schwarzen Masse nach vorne und zur Seite, was an der Rute, die die Mittelachse des Bildes markiert, erkennbar ist, zusätzlich an der nach links fallenden Linie der Köpfe. Pilatus' Worte verblassen. Die drei Personen stehen uns fast in natürlicher Grösse gegenüber. Aus dem Bild gedrängt, könnte Jesus im nächsten Moment leibhaftig vor uns stehen. Dass die Beine und Körper der Dargestellten vom Bildrand angeschnitten sind, verstärkt ihre Präsenz. Wollte der Künstler damit das Bild zusätzlich als Spiegelbild interpretieren? Spiegeln sich in den drei Dargestellten wir, die wir das Bild anschauen? Corinth spielt uns nicht nur die Rolle des Volkes zu, sondern auch diejenige von Pilatus, Jesus und dem Soldaten. Er fordert uns heraus, Karfreitag nicht nur als historisches Ereignis zu erinnern, sondern uns damit im Hier und Jetzt auseinanderzusetzen.

Mit Johann Peter Hebel am Grabe

Andreas Klaiber

An Abdankungen und am Grab verwende ich gerne lyrische Texte. Das sind wahre Schätze, zum Beispiel Gedichte von Johann Peter Hebel, dem alemannischen Dichter, der 1760 in Basel geboren wurde und dessen Familie aus dem nahen Wiesental stammte.

Nur bei Erdbestattungen, die eher selten geworden sind, eignet sich sein Gedicht «Auf einem Grabe»:

Schlof wohl, schlof wohl im chüele Bett!
De ligsch zwor hert uf Sand und Chies;
Doch spürt's di müede Rucke nit.
Schlof sanft und wohl!

De schlofsch und hörsch mi Bhütdi Gott,
de hörsch mi sehnli Chlage nit.
Wär's besser, wenn de's höre chönntsch?
Nei, weger nei!

Und was di früeih im Morgenrot
Bis spot in d'Mittnacht bchümmret het:
Gottlob, es ficht di nümmen a
im stille Grab.

Es isch der wohl! O 's isch der wohl!
Und alles, was de g'litte hesch,
Gott Lob und Dank, im chüele Grund
tut's nümme weh.

Und wenn emol der Sunntig tagt,
und d'Engel singe's Morgelied,
se stöhn mer mit enander uf,
erquickt und gsund.

Der Tod als Schlaf. Der Verstorbene wird direkt angesprochen, als höre er den Abschiedsgruss. Das Gedicht aus dem frühen 19. Jahrhundert entspricht vielleicht nicht mehr unseren Vorstellungen. Und doch vermag es auch heute noch zu trösten. Im Sarg liegt der geliebte Mensch, um ihn sind seine Angehörigen versammelt. Ein tief berührender Moment, dieser Abschied und das Versenken des Sarges in die Erde. Es ist die bildhafte Sprache im Gedicht, die berührt, auch wenn wir wissen, im Sarg ist nur die sterbliche Hülle, der Verstorbene, aus dem alles Leben gewichen ist. Oft sprechen Angehörige an einem offenen Grab leise einen letzten Gruss. So viel anders als vor zweihundert Jahren ist es nicht einmal.

Die letzte Strophe verweist auf Ostern und die Auferstehung. Sonntag, Engel, Morgen, diese Begriffe deuten auf die biblische Ostergeschichte und die Auferstehung, die wir erwarten dürfen. Die letzten beiden Worte des Gedichts sind dabei nochmals kräftiger Trost: «Erquickt und gesund». Wir stehen ohne Gebrechen und Schmerzen auf. Und vor allem auch dieses «miteinander»: Wir, die wir am offenen Grab trauern, zusammen mit dem Menschen, der uns vorausgegangen ist. Miteinander stehen wir auf. Wir sind wieder beisammen. Vielleicht nur eine schöne Wunschvorstellung? In der Trauer kann uns eine solche Zusage trösten, und das miteinander Aufstehen ist biblisch-österliche Hoffnung, wie es Paulus schon in 1. Thessalonicher 4,16–18 beschreibt.

Bei einer Urnenbestattung kann ich dieses Gedicht nicht verwenden, allein schon der bildhaften Sprache wegen. Der Körper ist zu Asche geworden. Keinen müden Rücken können wir uns mehr vorstellen und ein sanftes Schlafen auch nicht und eine Auferstehung aus der Asche eigentlich ebenso wenig.

Bei einer Urnenbeisetzung verwende ich darum eher das Gedicht vom «Wegweiser». Auch in diesem Gedicht wird das Grab zum Thema:

Zum stille Grab im chüele Grund
führt jede Weg, und 's fehlt si nit.

Der Schlusssatz weist uns anders als beim ersten Gedicht weniger auf das Österliche als mehr auf das Jenseitige hin. Ganz behutsam und geheimnisvoll deutet der Dichtertheologe das zu Erwartende an.

Ich mag diesen letzten Satz seines Gedichts, weil er nur leise darauf hinweist und alles offen lässt, was wir erhoffen und einst erwarten dürfen:

Sel Plätzli het e gheimi Thür,
und 's sin no Sache ehne dra.

Fastenverzicht an den «scheenschte drey Dääg»

Florence Develey

Ich erlebte die Beerdigung meiner Schwester wie von Ferne. Nichts drang wirklich zu mir durch. Alles schien eigenartig heruntergedreht – die Lautstärke, das Licht, die Bewegung der Menschen um mich herum, meine eigenen Emotionen. In dieser rätselhaften Starre liess ich die Kondolenzbezeugungen an mir vorbeigehen, ebenso die Blumen, die Musik, die Worte des Predigers – bis ich den Satz von der Kanzel hörte: «Der Tod hat nicht das letzte Wort.» Ich war zu der Zeit erst ganz frisch immatrikuliert an der Theologischen Fakultät, mein Glaube war noch alles andere als gefestigt. Aber diese Worte haben mich für den Rest meines Lebens geprägt. Sie holten mich damals schlagartig aus meinem Trauerkokon heraus. Plötzlich war ich ganz da – ich spürte den Schmerz, gleichzeitig aber auch die Leichtigkeit des eben gehörten Trostes. Der Tod hat nicht das letzte Wort. Weil der Tod nicht das Ende ist, nicht das Nichts, sondern vielmehr der Anfang von etwas Neuem. Der Anfang von einem Leben bei und in Gottes unendlicher Wärme, Ruhe und Liebe.

Die Ostertage nutze ich seither, um diese gewonnene Erkenntnis ganz bewusst zu feiern. Ich könnte mir keinen Karfreitag ohne Kirchgang vorstellen. Ebenso wenig könnte ich mir einen Karfreitag mit Party und Klimbim vorstellen. Karfreitag muss für mich grau, ruhig und etwas schwermütig sein. Einfach, weil es mir wichtig ist, an einem Tag im Jahr meine eigenen Traurigkeiten zu bedenken, die meiner Familie und Freunde und die, die auf der Welt geschehen. Am Ostersamstag macht sich eine gewisse Unruhe und Vorfreude breit. Langsam aber sicher kann die Schwere abgelegt werden. Denn die Gewissheit bricht sich Bahn, dass das Leben gewinnt. Unbändig die Freude im Innern, wenn das Osterfeuer am Sonntagmorgen zu früher Stunde entzündet und Christi Auferstehung verkündet wird.

Da die Vorfreude bekanntlich die schönste Freude ist, habe ich in den letzten Jahren die Vorbereitung auf Ostern etwas intensiviert. Ich habe angefangen, in der Fastenzeit auf Dinge zu verzichten, deren Verzicht mir schwerfällt. Auf Wein und Schokolade zum Beispiel. Nicht (so sehr) der Kilos wegen, aber um am eigenen Leib zu erfahren, was es heisst, nicht immer alles haben zu können, was das Herz begehrt. Das Geld, das ich für meine leiblichen Gelüste des Fastens wegen nicht ausgegeben habe, sammle ich in einem Säckli von «Brot für alle/Fastenopfer». Da ich für gewöhnlich sehr gerne Wein trinke und ebenso viel Schokolade esse, kommt ein erstaunlicher Spendenbatzen zusammen. Ich muss aber gestehen, dass ich nicht die volle Fastenzeit Verzicht übe. Die Basler Fasnacht ist mir fast so heilig wie die Kirchenfeste. Und da sie Ausdruck der Buntheit des Lebens, der Feier der Phantasie, der Spielfreude und des geteilten Glücks der Geselligkeit ist, lasse ich mir nicht nehmen, während der «scheenschte drey Dääg» auf die Schönheit des Lebens anzustossen.

Passionskonzerte im Basler Münster

Helen und Frieder Liebendörfer

Du glaine Mensch, was wottsch mit dyne Soorge!
Gspyyrsch nid, wien alle Kummer vo der fallt.
Im wyte, dunggle Minschter bisch giboorge,
en ander Ryych nimmt jetz di in sy Gwalt.

So loss der s denn in dääne Stunde saage,
Dur d Kirche schwäbt der erscht und hailig Doon,
und vor dym Gaischt im Singen und im Glaage,
erstoht die wunderbari Gschicht; d'Passion.

E Gschicht vom Lyyde und vo stiller Demuet,
wo doch die ganzi Wält verwandle kaa,
e Muusig, wo dur alli Druur und Wehmuet
häll lychtet «soli deo gloria».

Still sitze d Lyt im Choor und uf de Stääge.
Und männgmool gsehsch, wien aine d Stirne sänggt;
er gspyyrt vilicht en Ahnig vo däm Sääge,
wo wien e Liecht die Stund uns Mentsche schänggt.

Der letscht Choraal, der letscht Akkord isch gsunge,
de stohsch am Door und luegsch in d'Stäärnenacht:
Dief in der läbt, was dur dy Härz het glunge
und nie meh stirbt, was hit in dir verwacht.

Aus: Blasius (Felix Burckhardt), Der Baasler und sy Wält.
Gsammledi Gidicht und Väärs us 50 Johr, S. 86,
Friedrich Reinhardt Verlag, Basel (1989)

Die Passionsaufführungen haben in Basel eine lange Tradition. Als erste Stadt der Schweiz brachte der Basler Gesangsverein unter dem Dirigenten Ernst Reiter am 16. Juni 1865 Bachs Matthäuspassion im Basler Münster zur Aufführung, nachdem sie zuvor von Mendelssohn wiederentdeckt und 1829 in Berlin nach langer Zeit zum ersten Mal wieder aufgeführt worden war.

Das Monumentalwerk wurde damals in Basel mit rund 100 Musikern im Orchester, und etwa 250 Personen im Chor aufgeführt! 80 Knaben beteiligten sich am Eingangs- und Schlusschor im ersten Teil. In einem Bericht von jener Aufführung heisst es: «Eine heilige Sabbatstille verbreitete sich über die unabsehbare Menge, als die ersten Töne erklangen, und diese andachtsvolle Aufmerksamkeit hielt an bis zur letzten Note.» Unter den andächtig lauschenden Zuhörern sass übrigens auch Johannes Brahms.

Noch Mitte des 20. Jahrhunderts war es ein ungeschriebenes Gesetz in Basel, dass nur der Gesangsverein die Matthäuspassion aufführt (natürlich auch wegen der Raummöglichkeiten im Münster, denn es braucht ja genug Platz für das Orchester und den Doppelchor). Viele Personen verfolgten mit der Partitur in Händen die Aufführungen. In Erinnerung ist wohl den meisten noch die Rolle des Evangelisten, eindrücklich gesungen von Ernst Häfliger, und unvergessen bleibt die Schilderung des Erdbebens, das begleitet durch die beiden äusserst tiefen, grossen Orgelpfeifen (32 Fuss), das Münster jeweils zum Erzittern bringt.

Bis zum heutigen Tage ist die Matthäuspassion über 30 Mal im Münster aufgeführt worden, die Johannespassion über 20 Mal – und immer noch verfolgt jeweils eine andachtsvolle Zuhörerschar gebannt das Geschehen.

Siehe auch: Wilhelm Merian: Basels Musikleben, Basel (1920) und: Sigfried Schibli: Musikstadt Basel, Basel (1999)

Eierfärben – ein alter Osterbrauch

Erika Würz und Roger Thiriet

Seit Menschengedenken hat das Ei in Kultur und Brauchtum der Völker seine Bedeutung als Symbol der Fruchtbarkeit und des aufkeimenden neuen Lebens. Auch das Bemalen von Eiern hat eine lange Tradition. Bereits vor fünftausend Jahren wurden in China zum Frühlingsanfang Eier gefärbt. Archäologische Funde zeigen, dass auch die Sumerer und Ägypter, später die Griechen und Römer ihren Toten bemalte Eier mit ins Grab gaben. Im frühen Christentum sollen sich armenische Christen erstmals mit Eiern beschenkt haben und seit dem 12./13. Jahrhundert hat auch bei uns in Westeuropa der Brauch Einzug gehalten, sich in der Osterzeit mit bemalten, schön dekorierten Eiern zu beschenken.

Als Farbe wurde ursprünglich hauptsächlich Rot verwendet, als Symbol für den auferstandenen Christus und das bei seiner Hinrichtung geflossene Blut. Zur roten Farbe existiert in der Kirche auch die Legende, wonach Maria Magdalena dem Kaiser von der Wiederauferstehung Christi berichtet habe. Er jedoch habe sie ausgelacht und erwidert, dass Christus ebenso wenig auferstanden sei, wie die frisch gelegten Eier vor ihm eine rote Schale hätten. In diesem Moment hätten sich die Eier rot gefärbt und ihn von der Auferstehung überzeugt. Schon im Mittelalter wurden Eier jedoch auch mit den Farben Grün, Blau, Gelb und Schwarz bemalt.

Eier «färben» erschöpft sich aber nicht einfach im Eier «bemalen». Es gab und gibt verschiedenste andere Techniken, weisse Eier farblich zu verzieren. Das Bemalen mit Acryl-, Gouache- oder Ölfarbe, mit Tusche oder auch mit Farbstiften ist nur eine davon. Als Zeichen des Reichtums wurde das Ei früher beispielsweise mit Blattgold verziert, ärmere Leute hingegen nahmen Naturfarbstoffe wie Zwiebelschalen, Erlenzapfen oder Walnussschalen zu Hilfe. In solchermassen gefärbte Eier wurden sodann Sprüche, Ornamente, Blumen und Tiermotive geritzt oder eingraviert; auch das Ätzen mit Säure ist eine alte Tradition. Eine weitere Variante sind mit feinem Garn umhäkelte Eier, wobei reizvolle Spitzenmuster entstehen. Auch der Scherenschnitt ist vertreten; hier klebt man fein ausgeschnittene Papiermotive auf das Ei. Ähnlich verhält es sich mit Stoffcollagen und mit der fast vergessenen Holzspantechnik, die eine enorme Fingerfertigkeit erfordert. Das sicher heikelste Unterfangen aber ist die Perforation von Eiern, bei der filigrane Muster in das ausgeblasene Ei gebohrt werden.

Der Kunst des Eierfärbens und der Eierverzierung sind keine Grenzen gesetzt. Das gilt auch für die Eier selbst. Dekoriert werden Eier aller Grössen, vom Hühner- bis zum Straussenei. Je nach Region sind die Techniken verschieden und haben sich spezielle Traditionen gebildet. Überall aber ist der schöne Osterbrauch beliebt und fasziniert das kleine Kind wie den grossen Künstler.

AUFFAHRT UND PFINGSTEN

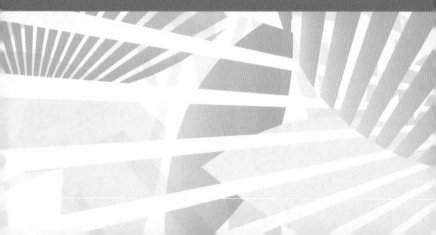

HIMMLISCH BEGEISTERT.

WO IMMER DU BIST, WER IMMER DU BIST.

Das lukanische Doppelwerk

Lukas Kundert

An Weihnachten feiern die Christen die Geburt Jesu. Der biblische Text zu diesem Fest, die «Weihnachtsgeschichte», ist die Geburtserzählung nach dem Lukasevangelium. Jeweils knapp ein halbes Jahr später feiert die Christenheit an Pfingsten die Geburt der Kirche. Und wieder ist es ein Text aus der Feder des Evangelisten Lukas: Seine Erzählung in der Apostelgeschichte von der Ausgiessung des göttlichen Geists über die Jünger von Jesus prägt die Deutung dieses Fests.

Diese beiden Erzählungen beziehen sich aufeinander und erklären sich gegenseitig. Ohne die Weihnachtsgeschichte kann man also «Pfingsten» nicht verstehen. Lukas hat sein Evangelium und die daran anschliessende Apostelgeschichte bewusst so verfasst, dass sie aufeinander Bezug nehmen. Vorbild ist das Doppelwerk Homers, die «Illias» und die «Odyssee».

Die Parallele zwischen dem Lukasevangelium und der «Illias» liegt im Thema der Zerstörung der Stadt: Homer berichtet in der «Illias» vom Krieg um Troja, ohne aber dessen Untergang zu beschreiben; dieser wird als allgemeines Wissen, ohne Erwähnung im Text, vorausgesetzt. Das Lukasevangelium berichtet von Jesus, dem «personifizierten Jerusalem», der hingerichtet wird und dessen gewaltsamer Tod auf Jerusalems ebenso gewaltsamen Untergang im Jahr 70 n. Chr. hinweist. Auch dieser Untergang wird im Evangeliumstext nicht direkt beschrieben; auch hier wird Wissen vorausgesetzt. Aber wie Jesus, so ersteht auch Jerusalem wieder auf. Dies sichtbar zu machen, ist Ziel der Apostelgeschichte.

Die Parallele zwischen der Apostelgeschichte und der «Odyssee» oder eigentlich genauer der «Aeneis» liegt darin, dass Letztere als mythisches Epos geschrieben wurde, das begründen sollte, weshalb sich die Griechen mit der Zerstörung von Troja einen Bärendienst erwiesen haben. Denn erst dadurch wurde möglich, dass Aeneas nach Italien ging und dass seine Nachkommen später Rom gründeten – jenes Rom, das zur Zeit Vergils Griechenland besiegen und unterwerfen sollte. Diese Argumentationsfolge übernimmt Lukas in der Apostelgeschichte, wendet sie nun aber gegen Rom. Sie besagt, dass die Hauptstadt des Römischen Reichs, verkörpert durch Pontius Pilatus, Jesus hingerichtet und Jerusalem zerstört hat, dass aber die Hinrichtung von Jesus und die Zerstörung der Stadt gerade dazu geführt haben, dass das Evangelium über den ganzen Erdkreis ausstrahlen und auch Rom erreichen konnte. Der seltsam unspektakulär wirkende Schluss der Apostelgeschichte, wonach Paulus das Evangelium in Rom frei predigt, meint im Klartext, dass der Geist Gottes nun im Zentrum des Reichs angelangt ist und dort die Herrschaft übernimmt. Jerusalem herrscht über Rom.

Diese subversive Einnahme des Römischen Reichs durch Jerusalem und das Judentum gründen literarisch in der Auferstehung von Jesus und in der Geistausgiessung am Wochenfest in Kapitel 2 der Apostelgeschichte. Geist wird dabei als göttliche Substanz gedacht, die Gott den Getauften vom Himmel her zukommen lässt. Diese Geistbegabten werden zu Menschen, wie man sich in der Antike Menschen des Goldenen Zeitalters vorstellte: Sie können in ihrer Sprache sprechen und werden doch von aller Welt verstanden (Pfingstwunder), sie vermögen den Namen Christi heilswirksam einzusetzen, und sie sind durch keine irdischen Fesseln gebunden. Kirche wird in der Apostelgeschichte somit definiert als eine charismatische Gemeinschaft von Menschen, die von der Geistsubstanz durchwirkt sind und so, theologisch gesprochen, das Himmelreich, oder gemeinantik gesprochen, das Goldene Zeitalter vorantreiben, indem sie die Mächte von Tod und Verderben überwinden.

Das lukanische Doppelwerk – Evangelium und Apostelgeschichte – ist somit ein Zeugnis, wie sich eine schwache, von Roms Militärmacht unterworfene Gemeinschaft von jüdischen Menschen als die wirklichen Sieger des jüdisch-römischen Kriegs von 66–74 n.Chr. erkennt. Westrom ist heute längst untergegangen. Die römischen Götter sind verschwunden, ihre menschenverachtende Philosophie ebenfalls. An ihre Stelle ist die Kirche getreten. Nur bedenklich, dass es ihr ab dem 4. Jahrhundert nicht mehr gelungen ist, ganz und gar davon bewegt zu sein, dass Kirche nur dann «Jerusalem» ist, wenn sie auch durch und durch «jüdisch» und mit dem Volk des ersten Bundes vergeschwistert bleibt.

Die andere Wirklichkeit

Philipp Roth

Ich lege mich gerne rücklings ins Gras. Es piekst in den Nacken. Ein paar Käfer suchen panisch das Weite. Ein Knäuelgras hängt wie ein Lampion über der Nase. Am liebsten lege ich mich auf einem Hügel ins Gras. Nichts über mir als nur der Himmel. Der Blick fällt nach oben, der Körper wird leicht, die Augen tränen vor Licht. Ein paar Wolkenschiffe ziehen übers Himmelsmeer. Ein Kondensstreifen fädelt wattige Perlen auf. Ich blinzle nicht mehr. Ich falle ins Unendliche.

Wie kann Materielles in Spirituelles übergehen, Konkretes allgemein werden? Wie kann historische Tatsächlichkeit sich in überzeitliche Wahrheit und Wirklichkeit verwandeln, die auch mir heute gegenwärtig ist?

Himmelfahrt und Pfingsten erzählen vom Übergang des Menschen Jesus von Nazaret in die allgegenwärtige Wirklichkeit des auferstandenen Christus. Sie tun das in den Vorstellungen der damaligen Zeit.

In Jesus von Nazaret himmelte Gott uns an. So erzählt es die Bibel. Er war die menschgewordene Freundlichkeit des Himmlischen. Er war das damals, für eine kurze Zeit, in einem kleinen Umkreis. Wer ihn sah, sah wie durchs Dachfenster. Hinter der alltäglichen Wirklichkeit mit ihrem Monopolanspruch zeigte sich eine andere. Sie war lichter, weiter, ewiger. Stets nur ein Gebet, eine liebevolle Berührung, ein mutiges Wort oder eine herzhafte Tat weit entfernt. Das Reich Gottes. Wie bleibt es, wenn er geht?

Die Himmelfahrt erzählt, wie Jesus nach Ostern ganz in diese andere Wirklichkeit eingeht. Nach der Höllenfahrt, dem Abstieg in das Reich der Toten, folgt die Himmelfahrt. Allumfassende Heimholung. Auffahrt ist kein Weggehen, sondern ein Heimgehen. Der Auferstandene geht dahin, wo er kam. Er geht dahin, wo er überall ist. Der Himmel ist überall. Wo immer ich aufblicke: Er ist schon da.

Die Geschichte vom Pfingstfest erzählt dann, wie der Himmel in zahllose einzelne in ihrer bunten Verschiedenheit eingeht.

Feuer und Taube machen die unsichtbaren Kräfte aus der Höhe sichtbar. So markiert setzt sich die unsichtbare Gegenwart Gottes bei Frauen und Männern aus der ganzen Welt fest. Himmel ist nicht das unendlich Ferne. Er ist unendlich nah. «Halt an, wo läufst du hin? Der Himmel ist in dir. Suchst du Gott anderswo, du fehlst ihn für und für.» (Angelus Silesius, 1624–1677)

Ich teile die damaligen Vorstellungen nicht mehr. Meine Welt ist keine Crèmeschnitte mit drei Schichten – Unterwelt, Welt, Himmel – in die man ab- und auffahren kann wie im neuen gläsernen Aufzug in der Migros. Doch ich teile den Glauben, dass unsere Wirklichkeit nicht die ganze Wirklichkeit ist. Im Jesus von Nazaret strahlt die überirdische Güte Gottes auf. Die Nachricht, dass er auferstanden ist, reisst viele Träume und Sehnsüchte mit. Wie kann ich mir die Gegenwart des Vergangenen, die Nähe des Unsichtbaren und die Erfahrbarkeit des ganz anderen heute denken?

Vor einiger Zeit habe ich mir eine Dropbox eingerichtet. Auf meinem Computer ist meine Dropbox eine Schachtel. In sie kann ich zum Beispiel meine Ferienbilder stopfen. Wenn ich dann bei meiner Schwester zu Besuch bin, kann ich dort an einen Computer gehen oder auch mein Smartphone nehmen, mich bei meiner Dropbox anmelden, die Bilder aus der Schachtel holen und sie meiner Schwester zeigen.

Die Dropbox funktioniert über die *cloud*. So nennt man die Datenwolke im virtuellen Raum. Wenn ich meine Bilder in die Dropbox ziehe, sagt man mir, dann werde sie in die *cloud* hochgeladen. Sie werden also irgendwo auf der Welt in einem Server für mich gespeichert. Ich kann nun gehen, wohin ich will. Übers Internet kann ich die Dropbox öffnen und meine Dateien runterladen. Obwohl ich sie nicht bei mir habe, sind sie immer bei mir.

Die Etagenwelt ist nicht mehr mein Bild von Welt. Dafür gehört heute die virtuelle Realität selbstverständlich dazu. Sie hilft mir, die Verwandlung von Himmelfahrt und Pfingsten zu denken.

An Auffahrt geht Christus in die *cloud*. Er ist damit nicht weg. Im Gegenteil. Obwohl er nicht mehr da ist wie einst, ist er nun auf eine andere Weise immer da, wohin wir auch gehen, wo wir auch sind und wie es uns auch geht. Und Pfingsten? Vielleicht ist dann

Pfingsten das, was man Streaming nennt: Ein Strom von der einen in die andere Wirklichkeit.

Ich lege mich gerne rücklings ins Gras. Ich weiss, dass der Himmel keine blaue Kuppel ist. Er beginnt auch nicht weit oben, sondern irgendwie gleich bei mir. Ich weiss auch, dass die virtuelle Realität kein Jenseits ist, sondern ziemlich fest Teil dieser Welt. Doch Himmel und Dropbox helfen mir, etwas zu verstehen, was ich nicht verstehen kann und doch glaube: Dass Gott heute hier so gegenwärtig ist wie damals dort.

Bannumgänge und Familienausflüge

Peter Schmid

Kirchliche Feiertage erschliessen sich inhaltlich nicht alle gleich; einige verstehen wir leichter, andere bleiben uns fremd. Weihnachten als Fest einer Geburt ist selbst für Menschen, die in keiner Beziehung zum christlichen Glauben stehen, nachvollziehbar. Karfreitag erinnert an den Vollzug der Todestrafe an einem Unschuldigen. Das ist kein Grund zur Freude, eher ein Grund, um nachzudenken: Gewaltsam und unschuldig wird noch immer gestorben. Ostern, das Fest der Auferstehung, erschliesst sich vom Glauben her. Aber selbst wer wenig oder anderes glaubt, kann der Hoffnung, dass der Tod nicht das letzte Wort hat, etwas abgewinnen.

Pfingsten führte von Anfang an zu Irritationen. Die vom Pfingstgeist Erfassten setzten sich dem Verdacht aus, «voll süssen Weins zu sein» (Apg 2,13). Wer es wissen will, kann die Pfingstpredigt von Petrus nachlesen und erfahren, dass in der Geburtsstunde der «Kirche» Begeisterung herrschte. Pfingsten ist bei uns in erster Linie die grosse Reise- und Ausflugzeit. Staumeldungen auf den Strassen sind die längst vertrauten Pfingstbotschaften. Die Bezeichnung «Auffahrt» wird auch dem Strassenverkehr zugeordnet. Eine Auffahrt ist eine Zufahrtsstrasse zur Autobahn.

Das Verstehen des «Auffahrt-Festes» ist für viele Menschen noch schwieriger. Wer sich schlicht an die biblische Nachricht hält, wonach der auferstandene Christus von einer Wolke umhüllt den Blicken seiner Zeitgenossen entzogen wurde, wird «Auffahrt» einigermassen verstehen können. Wer sich Auffahrt sehr praktisch und handfest vorstellt, gerät rasch in die Nähe eines nicht geglückten Regieeinfalls im Theater.

Von Pfingstbräuchen ist mir wenig bekannt. An Auffahrt scheinen sich die Menschen jedoch seit Jahrhunderten zu bewegen, zunächst auf Pferden, später zu Fuss. Auffahrt ist der Tag der «Bannumgänge». Liestal macht eine Ausnahme und legt seinen Umgang auf den Montag davor. Für diese Bräuche gibt es zwei Begründungsstränge: Der christlich-kirchliche Strang gründet auf der Bitte um den Segen Gottes für einen guten Ertrag der Feldfrüchte und zur Vermeidung des Hagels. Prozessionsartig wurde das eigene Land – eben der Bann – umschritten. Der zweite Begründungsstrang folgt der Idee der «Bannbesichtigung», der Kontrolle der Gemeindegrenze. Die Reformation setzte in reformierten Gebieten den Flursegnungen ein Ende.

Auffahrt war einst der herausragende Ausflugstag. Die «Maienzeit» lädt ja auch dazu ein. Dabei wurde nicht nur gewandert, sondern ausgiebig Speis und Trank zugesprochen. Im 17. Jahrhundert wurde im Baselbiet an Auffahrt den Kindern erlaubt, Wein zu trinken. Und die Pfarrerschaft musste von mancherlei «schröcklichen Excessen» berichten. Die Bannumgänge wandelten sich mehrfach. Ursprünglich den männlichen Bürgern vorbehalten, sind sie heute zumeist Familienausflüge für alle Einwohnerinnen und Einwohner. Liestal hielt bekanntlich an der Männerausschliesslichkeit fest. Aber Liestal kennt den Auffahrtsweggen für Buben und Mädchen.

Die religiösen Wurzeln unserer Feiertage sind manchen Menschen nicht mehr bewusst. Wir sollten unseren geregelten, gemeinsamen Feier- und Ruhetagen Sorge tragen: Sie bieten die Möglichkeit für Begegnungen von Menschen.

Frieden in Gerechtigkeit

Benedict Schubert

Die Wetterprognosen seien miserabel gewesen, doch dann blieb es über Pfingsten 1989 strahlend sonnig, wie wenn der Himmel selbst hätte unterstreichen wollen, dass ein Fest der Hoffnung gefeiert wurde. Auf dem Seil, an dem die Klingentalfähre sich vom einen Ufer zum anderen treiben lässt, sei einer über den Fluss getanzt. Am Abend hätten Kinder aus den Basler Schulen Papierschifflein mit brennenden Kerzen darin den Rhein hinunter über die Grenzen schwimmen lassen. Auf dem Münsterplatz habe im Anschluss an den grossen Gottesdienst am Pfingstsonntagmorgen eine «Teilete» stattgefunden mit einem Stimmen- und Sprachengewirr, das nicht mehr babylonische Trennung und Konkurrenz bedeutet habe, sondern Hinweise auf eine durch den Geist von Pfingsten ermöglichte Einheit. Ungläubig staunend hätten vor allem die Delegierten aus Zentral- und Osteuropa am Dreiländerspaziergang teilgenommen. Sie hätten kaum glauben können, dass so etwas möglich wurde, ohne dass ein Unterschied gemacht worden wäre zwischen denen, die das auch sonst tun konnten, und jenen, die sonst für jedes Land ein separates Visum hätten einholen müssen.

Ich berichte in indirekter Rede, denn die von der Konferenz Europäischer Kirchen und vom Rat der Europäischen Bischofskonferenzen einberufene erste europäische ökumenische Versammlung «Frieden in Gerechtigkeit» bekam ich nur über Briefe mit, die mir nach Angola geschickt wurden, wo ich damals lebte und arbeitete. Aus der Ferne hat mich nachhaltig beeindruckt, was vermutlich prägend blieb für diejenigen, die es unmittelbar erlebten. Im «Dreiländerspaziergang» scheint mir die Vision verwirklicht, dass es seit Pfingsten möglich und einfach ist, vom Eigenen ins Fremde zu gehen und wieder zurückzukehren. Wenn Identität von innen her geschenkt und gesichert ist, werden Grenzen nicht aufgehoben oder verwischt, aber sie erlauben den Durchgang zur andern, die Entdeckung dessen, worin sie, er mich reicher macht.

In der Begeisterung des Moments haben Menschen, die sich wild-fremd waren und meist auch blieben, sich umarmt und einander den Frieden gewünscht. Wer zur Umarmung einlädt, erlaubt Nähe und verzichtet auf einen Sicherheitsabstand, der Raum bietet für destruktive Missverständnisse. Wer umarmt, lässt auch wieder los, entlässt in die Freiheit. An Pfingsten wird Nähe möglich, die nicht das Ende der Freiheit bedeutet, sondern ihren Anfang. Als Symbol und zur Erinnerung an die Basler Versammlung wurde am Eingang zum Kreuzgang, eine Friedenslinde gepflanzt, auf die jedoch noch während der Versammlung ein Brandanschlag verübt wurde. Die Stadtgärtnerei kümmerte sich um den abgebrannten Baum so sorg-fältig und liebevoll, dass die Linde aus der Wurzel doch aufwuchs und heute der Statue Oekolampads Schatten spendet. Es ist einmal vorgeschlagen worden, anstatt des Begriffs der «Spiritualität» den-jenigen der «Vitalität» zu verwenden. Das wäre nahe bei dem, was meine kikongosprachigen angolanischen Geschwister sagen, wenn sie vom Gottesgeist reden, der an Pfingsten geschenkt wird: *moyo* heisst «Geist» und «Leben», *moyo,* das den Tod lachend und tan-zend überwindet.

Pfingsten andernorts

Daniel Frei

Pfingsten stammt vom altgriechischen Wort *pentecoste*, was so viel bedeutet wie 50. Das Pfingstfest findet am fünfzigsten Tag nach Ostersonntag statt. An Pfingsten erfüllte der Heilige Geist die in Jerusalem weilenden Jüngerinnen und Jünger unter Brausen und in Gestalt von Feuerzungen. Die Urgemeinde, erst wie gelähmt, begann sich zu bewegen, begann zu reden, zu verkündigen und siehe da: Die Menschen verstanden sie über alle sprachlichen und kulturellen Schranken hinweg. So sei die Kirche als grenzüberschreitende Gemeinschaft gestiftet worden, erzählt die Apostelgeschichte (Apg 2).

Die Bewegung, die später Kirche genannt wurde, entwickelte sich schnell, an unterschiedlichen Orten in unterschiedlicher Weise. Dies führte die Kirche von Beginn an in zahlreiche Konflikte.

Ich bin bei meiner Arbeit im «Pfarramt für weltweite Kirche» nicht selten in sogenannten Pfingstkirchen, charismatischen Gemeinden zu Gast. Was ich dort erlebe, zeigt mir etwas von diesen unterschiedlichen Entwicklungen des Christentums und auch von dem Konfliktpotenzial, das in dieser Heterogenität der Christenheit liegt.

Bisweilen frage ich mich, ob bereits im Pfingstbericht der Apostelgeschichte die Verlegenheit aufgrund der widersprüchlichen Entwicklung der Kirche überspielt oder übermalt wurde mit der Erzählung über heftige Ereignisse, Lärm und leuchtende Farben. Zugleich ist es diese laute und farbige Geschichte vom Pfingstereignis, das vom Mut erzählt, die Unterschiedlichkeit in Kauf zu nehmen, und also an immer neue Orte zu gehen, wo sich das Christentum in neuer Weise etablierte – bis heute. Wir verwenden dafür den Begriff: Mission (deutsch: Sendung).

Gerade die Sehnsucht nach der charismatischen Heftigkeit der Geburtsstunde der Kirche, wie sie die Apostelgeschichte schildert, führte immer wieder zu christlichen Erweckungen. In unserer reformierten Tradition brach sich im 18. Jahrhundert im Pietismus die persönliche Frömmigkeit in einer heftigen religiösen Erweckung Bahn. Pfingstkirchen stehen heute für den charismatisch-enthusiastischen Zweig des Christentums, der sich unmittelbar auf Pfingsten bezieht – mit Zeichen und Wundern, mit Zungenreden, Heilungen und Visionen. Die neuzeitliche Pfingstbewegung geht zurück auf die grosse und weltweit beachtete Erweckung von 1906, die sich an der Azuza Street in Los Angeles ereignete, als unter der spirituellen Leitung des schwarzen Pfingstpredigers William Seymour Menschen unterschiedlicher Herkunft, Rasse und Schicht zu einer neuen Gemeinde zusammenfanden. Aus dieser und weiterer Erweckungen wuchs die Bewegung heran, die heute das Christentum im Weltsüden prägt und sich weiter rasant entfaltet. Pfingsten ist in diesen Kirchen auch Spektakel, kann ebenfalls Scharlatane hervorbringen, meint aber vor und über allem die Überwindung von menschgemachten Schicksalen und Grenzen durch die Kraft des Heiligen Geistes. In jedem Gottesdienst wird der Bogen zurück zur Urgemeinde geschlagen – Pfingsten wird fortwährend aktualisiert.

Mir gefällt die Rückbesinnung auf Pfingsten. Wilde und enthusiastische Aufbrüche sind weniger unser reformierter Stil. Aber dass der Heilige Geist jederzeit hereinbrechen kann, nach 50 Tagen oder morgen, tröstet und freut mich. Er braucht nicht zu brausen und Flammen sind nicht nötig, aber der Heilige Geist kräftigt und stärkt uns, um Grenzen zu überwinden und Brücken zu bauen.

Was der Cupfinal mit Pfingsten zu tun hat

Martin Dürr

Pfingsten bedeutete für mich viele Jahre Pfila. Drei Tage mit den Zytröseli-Pfadfindern bei Dauerregen zelten, gelegentlich ein grosser Ramsch mit einem anderen Pfadi-Stamm und feierliche Versöhnung am Lagerfeuer mit politisch unkorrekten Lumpen-Liedern. Am Montag auf der Wanderung zurück dann die Radioübertragung des Cupfinals. Die Nachricht über den Spielstand verbreitete sich wie ein Lauffeuer. Wir waren dreckig und feucht bis auf die Knochen. Dazu völlig übermüdet und glücklich, knapp lauwarmes Sugo – das Verbrennen des nassen Holzes ergab vor allem viel Rauch – und undefinierbare Klumpen von Teigwaren schadlos verdaut zu haben. Und wir waren ziemlich stolz, diese drei Tage überlebt zu haben, stolz auf die paar blauen Flecken und die neu gewonnenen Freunde. Da scherte es uns auch nicht mehr allzu sehr, wenn der FCB gegen Zürich verlor – was er in meiner verregneten Erinnerung Anfang der 70er Jahre im Cupfinal immer tat.

Später erfuhr ich, dass Pfingsten ein kirchliches Fest ist. Weihnachten kennt jeder. Von Ostern gibt es wenigstens noch vereinzelt Vorstellungen, dass es nicht nur wegen der eierlegenden Schokolade-Hasen gefeiert wird, aber Pfingsten? Diese merkwürdige Geschichte vom Geist Gottes, der sich «wie Feuerzungen» auf eine Menschenmenge verteilt, die plötzlich begeistert Gott loben. Und das vielleicht Verrückteste, dass jeder und jede seine eigene Sprache hörte. Auf einmal verstanden Fremde, was die Einheimischen da erzählten, und konnten mitfeiern, wie man einen Sieg feiert nach heroischem Kampf, der schon verloren schien.

Was um Himmels willen hat denn der Heilige Geist mit Pfingstlager und Cupfinal zu tun? «Geist» kannten wir als Pfadi bestens von der obligatorischen Geistergeschichte am Abend, in der sich meist herausstellte, dass der unheimliche Geist eines Mörders genau und ausgerechnet an der Waldlichtung, wo wir unsere Zelte aufgeschlagen hatten, sein Unwesen trieb. Die jüngeren Pfadis rückten näher an ihre Leiter und die noch kleineren Wölfli hielten die Hand ihrer Leiterin.

Eine Fussballmannschaft hat auch einen gemeinsamen «Geist», einen eigenen Spirit, selbst der aussergewöhnlichste Einzelspieler ist alleine auf dem Platz chancenlos. Vor dem Spiel steht der FCB im Kreis und auch bei einem allfälligen Penaltyschiessen geben sich die übrigen Spieler oft Halt, wenn einer den einsamen Weg zum Penaltypunkt geht. Auch wenn das alles noch ziemlich weit entfernt ist vom Geist Gottes, der kommt und Menschen ergreift: Einige Symptome sind nicht ganz unähnlich.

Der Fussball spricht eine Sprache, die jeder und jede versteht. Selbst Fussballmuffel können ein Tor erkennen. Um zu wissen, wer gewonnen hat, muss man die Offside-Regel nicht verstehen. Im St.-Jakob-Stadion spielen Schweizer und Spieler aus fast allen Kontinenten. Vom Ägypter Elneny über den Argentinier Delgado zum Japaner Kakitani ist es ein weiter Weg, nicht nur sprachlich. Aber irgendwie schaffen es die, sogar Spass miteinander zu haben. Alle, vom abtretenden Captain Marco Streller bis zum jungen Embolo, haben ein gemeinsames Ziel vor Augen: den Pokal in die Höhe zu stemmen. Dass der Cupfinal einige Jahre den Namen eines Kommunikationsunternehmens trug, ist durchaus sinnvoll. Der Geist Gottes ermöglicht Kommunikation, zuerst zwischen Gott und den Menschen und dann zwischen den Menschen. Fremde werden Freunde, Weithergereiste finden Heimat und Einheimischen gehen neue Horizonte auf. Es geht nicht um Gleichmacherei. Wer auch nur eine kleine Flamme von Gottes Geist in sich brennen hat, der erkennt den zunächst unheimlichen Anderen als einen, der genauso Hunger hat nach Brot und Anerkennung und Sehnsucht nach einem Leben, das durch Teilen nicht weniger, sondern mehr wird. Und das Verrückte an Pfingsten ist, dass es immer genau und ausgerechnet dort geschieht, wo wir sind. Der Geist Gottes tritt dort auf, wo Menschen sich begegnen. Selbst dort, wo Menschen sich als Gegner treffen, kann dieses Wunder geschehen. Die Geschichte von Pfingsten ist auch eine Geschichte der Hoffnung, dass der alte Babylon-Fluch der Sprachverwirrung überwunden werden kann. Auch wenn dieses Spiel manchmal schon verloren scheint, auch wenn die Hassprediger auf allen Seiten die

Oberhand zu gewinnen scheinen: Es gibt in Finalspielen immer wieder überraschende Wendungen. Am Montag umarmen wir uns, so schwierig das gegenseitige Verstehen dann schon am Dienstag wieder sein kann. Aber dieses gemeinsame Erlebnis ist ein Feuer, dass auch durch drei Tage Dauerregen nicht mehr ganz ausgelöscht werden kann.

Der Pfingstspatz

Franz Hohler

Viel weniger bekannt als der Osterhase
ist der Pfingstspatz. Er legt allen
Leuten am Pfingstmontag ein
Grashälmchen auf den Fenstersims,
eines von der Art, wie er es
sonst zum Nestbau braucht. Das merkt
aber niemand, höchstens ab und zu
eine Hausfrau, die es sofort wegwischt.
Der Pfingstspatz ärgert sich jedes Jahr
grün und blau über seine Erfolglosigkeit
und ist sehr neidisch auf den Osterhasen,
aber ich muss ehrlich sagen,
das mit den Eiern finde ich auch
die bessere Idee.

Aus: Franz Hohler, Wegwerfgeschichten.
Zytglogge, Gümligen (1974), © Franz Hohler

ERNTEDANK UND BETTAG

THANKS LIVING.

DANKBARKEIT
VERÄNDERT MENSCHEN.

Beim Essen gehen uns die Augen auf

Luzia Sutter Rehmann

Im Garten Eden spriesst und wächst es von allein. Doch dann, plötzlich, taucht ein Schatten auf – Entscheidung, Wissen, Tod als Folge. Der Tod war nicht immer da. Dieser Schatten gehört nicht zu dem, was da einfach wächst und spriesst. Er hat damit zu tun, von welchem Baum man isst. Oder von welchem Ort, was man wem wegisst …

> *Nun legte Adonaj, also Gott, einen Garten in Eden an, das ist im Osten, und setzte das gerade geformte Menschenwesen dort hinein. Aus dem Acker liess Adonaj, Gott, sodann alle Bäume aufspriessen, reizvoll zum Ansehen und gut zum Essen, samt dem Baum des Lebens in der Mitte des Gartens und dem Baum der Erkenntnis von Gut und Böse […] Dann sprach Adonaj, Gott, ein Gebot für das Menschenwesen aus: «Von allen Bäumen des Gartens kannst du ruhig essen. Nur vom Baum der Erkenntnis von Gut und Böse – von dem darfst du nicht essen. An dem Tag, an dem du von ihm isst, bist du zum Tode verurteilt.»* (Gen 2,9.16 BigS 2006)

Der Reiz der verbotenen Früchte … Dieser Text gehört zu den bekanntesten der christlich-europäischen Kultur. Das allein spricht schon Bände. Evas kühner Griff nach der Frucht galt lange Zeit als die Sünde schlechthin. Doch wir können darin auch eine Zivilisation stiftende Tat sehen: ihr Zugreifen hat Konsequenzen. Essen hat mit Zugreifen, Entscheiden und Erkennen zu tun. Dabei geht es durchaus um grosse Zusammenhänge, die über den Tellerrand hinausführen.

Beim Kochen werden buchstäblich Zusammenhänge hergestellt: es geht um Kombinationen und verbindende Saucen, um Einklang im Eintopf, ein Menu ist eine Komposition, eine Zusammenstellung verschiedener Komponenten. Darum ist Kochen ein synthetischer Akt, der Erkenntnis stiftet.

Essen stellt aber auch Zusammenhalt her, konstituiert Gemeinschaft. Man versammelt sich um das Feuer, die Schüssel. Um den Herd herum sind Essordnungen entstanden, Reihenfolgen, Tisch- und Sitzordnungen. Man weiss, was man darf und was nicht. Das ist im Grunde minutiös geregelt. Diese Regelungen sind kulturelle Leistungen. Gemeinsame Essen sind Lebensorte, wo Gemeinschaft gestiftet wird. Allein essen macht viele traurig, ja schlägt auf den Magen. Wir sind auf Gemeinschaft angewiesen.

Doch diese Gemeinschaft hat Grenzen. Man mag nicht mit allen essen. Mit Feinden isst man nicht. Es gibt viele, mit denen würden wir uns nie an einen Tisch setzen wollen. Wir wollen nichts mit ihnen zu tun haben. Denn bei einem Essen in Gemeinschaft wird auch oft gemeinsame Sache gemacht. Darum muss man schauen, mit wem man sich verbinden will und mit wem nicht. Tischgemeinschaft schärft den Blick. Wer sitzt an meiner Seite? Wer fehlt? Wer sollte auch da sitzen?

Auf einer anderen Ebene wiederum zeigt das Essen den Zusammenhang vom Bedürfnis nach Nahrung, Erfrischung, Erholung und Gemeinschaft, Dazugehören, Mitreden. Am Tisch trifft Körper auf Körper. Essen ist keine abstrakte Sache. Da geht es um die Wurst. Um das Lebendige. Ans Eingemachte. Über das Essen kann auch gestritten und Zusammenhänge können in Frage gestellt werden.

Schliesslich hat Heiliges Essen unsere Zivilisation immer begleitet. Das Abendmahl steht im Zentrum des Christentums. Der Osterbraten, die Weihnachtsgutzi sind de facto noch wichtiger. Kirchliche Essvorschriften – Fastenzeiten – haben die Zeit strukturiert: ein Fest ist ein fixes Datum, an dem gegessen, geteilt, gedankt wird.

Doch Zusammenhänge muss man sehen, herstellen. Wie sollen wir etwas verstehen, wenn wir nicht mehr wissen, wo unser Essen herkommt? Wie es produziert wird? Wie die Bauern leben, die Tagelöhnerinnen, die Tiere? Auf welchem Baum unsere Nahrung wächst?

Beim Essen kommen wir miteinander ins Gespräch. Aussagen wie «Ich esse kein Fleisch» oder «Ich sollte nicht noch mehr essen» provozieren Kommentare, Fragen, Erstaunen, Befremden. Eigene

Geschichten schliessen sich an. Wir erklären so nebenbei, wer wir sind. Unser Essverhalten gibt Aufschluss über unsere Lebenserfahrung, über unsere Herkunft, unseren Appetit, unsere Lust, unsere Person.

In die Frucht beissen, das Brot brechen – und die Augen gehen uns auf.

Erntedank aus jüdischer Perspektive

David Bollag

Das Judentum hat drei Erntedank-Feste. Im Frühling wird die Getreideernte gefeiert, im Frühsommer die Früchte- und im Herbst die Weinernte.

Solange der Tempel in Jerusalem stand, wurden die Feste vor allem dort gefeiert. Die Feste werden aus diesem Grund auch «Wallfahrts-Feste» genannt. Jeder Jude war verpflichtet, mindestens ein Mal pro Jahr an einem dieser Feste zum Tempel in Jerusalem zu ziehen, um dort an den Feiern teilzunehmen.

Wichtiger Bestandteil der Feste war einerseits, dass Opfer im Tempel dargebracht wurden. Die Opfer waren Ausdruck des Dankes Gott gegenüber für die Ernte. Andererseits wurde ein Teil der Ernte nach Jerusalem gebracht, um dort im Rahmen der Feierlichkeiten gegessen zu werden. Der Hauptinhalt der Feste war also eine Kombination von Dank an Gott und Genuss der Ernte.

Die Tora betont, dass es wichtig ist, die schwächeren sozialen Schichten – die Fremden, Waisen und Witwen – in diese Feierlichkeiten miteinzubeziehen (z. B. 5. Buch Mose 16,11). Die Erntedank-Feste haben also bewusst auch ein sozial-politisches Ziel. Sie sind nicht nur Dank und Genuss. Vielmehr wollen sie bewirken, dass der Dank für die Ernte auch dazu führt, eine Sensibilität für sozial Schwächere zu entwickeln und sie zu unterstützen.

Die Zerstörung des Tempels vor bald 2000 Jahren und die damit verbundene Vertreibung des jüdischen Volkes aus seinem Land haben zu grossen Veränderungen bei den Erntedank-Festen geführt. Im Exil sind die Juden kaum mehr landwirtschaftlichen Berufen nachgegangen. Sie haben dort primär als Handwerker ihren Lebensunterhalt verdient. Es gab deshalb keine Ernte mehr, die gefeiert werden konnte. Zudem gab es keinen Tempel mehr, in dem die Feste hätten gefeiert werden können.

Aus diesen Gründen haben die Wallfahrtsfeste heute einen anderen Charakter als zu Zeiten des Tempels. Während die Wallfahrtsfeste anfangs sowohl Erntedank-Feste wie auch Feste der

Erinnerung an historische Ereignisse waren, hat die Zerstörung des Tempels den Aspekt des Erntedankes verdrängt. Deshalb werden an den drei Wallfahrtsfesten jetzt primär wichtigste Ereignisse aus der Geschichte des jüdischen Volkes gefeiert. Das Fest im Frühling – Pessach, Passah – erinnert an den Auszug aus Ägypten. Im Frühsommer wird die Offenbarung der Tora am Berg Sinai – am so genannten Wochenfest, Schawuot – gefeiert, und das Laubhüttenfest – Sukkot – im Herbst erinnert an die 40-jährige Wanderung in der Wüste auf dem Weg von Ägypten nach Israel. Die Erntedank-Feste finden sich im heutigen Judentum also nicht mehr in ihrer ursprünglichen Form.

Sie haben aber auf eine ganz andere Art überlebt. Das jüdische Religionsgesetz schreibt vor, vor dem Essen jeglicher Speise einen Segensspruch zu sagen. Der Segensspruch ist ein Dank an Gott für die Speise und beabsichtigt, dem Menschen bewusst zu machen, dass er seine Nahrung Gott verdankt. Der Mensch soll zuerst einen Dank aussprechen und erst danach essen.

Wie bei den Erntedank-Festen im Tempel sehen wir also auch hier eine direkte Kombination von Dank an Gott und Genuss von Nahrung. So können wir zusammenfassend bemerken, dass im Judentum die Erntedank-Feste heute zwar nicht mehr in der ursprünglichen Form gefeiert werden. Mit dem Segensspruch vor dem Essen wird aber täglich an sie erinnert. Sie werden heute auf andere Art gefeiert.

Die Gassenküche Basel

Giulietta Naef

Im Jahr 2014 durfte die Gassenküche ihr 25-jähriges Jubiläum feiern. Der Grundgedanke, einen Ort zu schaffen, wo alle Leute willkommen sind und so angenommen werden, wie sie sind, steht immer noch im Zentrum. Die Gassenküche ist auch heute noch für mehr also nur die Zubereitung und Ausgabe von Essen zuständig. Sie ist ein Ort der Begegnung, ein Lebensraum und eine Zufluchtsstätte. Die Gäste möchten gehört und verstanden werden, suchen Rat oder möchten ganz einfach nicht alleine essen. Die Gassenküche ist eine niederschwellige Institution. Die Gäste müssen sich nicht ausweisen und sind immer willkommen, solange sie einige elementare Regeln einhalten, die für eine entspannte Atmosphäre sorgen. Eine Gassenküche in der Stadt ist wohl immer auch ein Spiegel der Gesellschaft und ihrer aktuellen Brennpunkte. Es verkehren mündige Menschen in der Gassenküche, die sich aus den unterschiedlichsten Gründen am Rande der Gesellschaft bewegen. Oftmals fehlt ihnen die Kraft, etwas zu verändern, oder sie haben bewusst eine alternative Lebens- und Kulturform gewählt. Es wird auch weiterhin unsere Aufgabe bleiben, Werte und Perspektiven aufzuzeigen, auf Möglichkeiten hinzuweisen und somit bestenfalls zur Verbesserung ihrer momentanen Lebenssituation beitragen zu können.

Von Montag bis Freitag wird ein kostenloses Frühstück, ein Abendessen für CHF 3.– und am Sonntag ein kostenloser Brunch angeboten. Die Mahlzeiten sind vollwertig, reichhaltig und abwechslungsreich. Das Abendessen besteht aus Suppe, Hauptgang mit Gemüse, Salat, Dessert sowie Tee und Kaffee. Zum Frühstück kommen stets zwischen 60 und 80 Gästen und zum Abendessen etwa 120–140. Die grossen Mengen erfordern eine gut durchdachte Planung. Der Menüplan wird jeweils drei Wochen im Voraus geschrieben. Wöchentlich wird aufgrund dieses erstellten Plans ein Einkauf beim Grossmarkt vorgenommen. Das Fleisch kommt jedoch direkt von unserem langjährigen Lieferanten Grauwiler, der die Gassenküche seit ihren Anfangstagen stets grosszügig unterstützt und begleitet hat. Wir achten auf die Herkunft und kochen saisonal. Dank den Schweizer Tafeln mangelt es uns nicht an Brot und Früchten. Manchmal werden zusätzlich Joghurts geliefert, die wir zum Frühstück anbieten. Durch die Organisation Food Sharing gelangen Lebensmittel zu uns, die an anderen Orten nicht mehr vor Ablauf des Haltbarkeitsdatums verwendet werden können. Auch gibt es immer wieder Privatpersonen, die beispielsweise Konfitüre, Honig oder sonstige Lebensmittel spenden, die noch haltbar sind. Da wir vom Lebensmittelinspektorat kontrolliert werden, können wir auch nur Produkte annehmen, die noch ein gültiges Haltbarkeitsdatum aufweisen.

Sollten bei uns am Abend Reste anfallen, so werden diese entweder zum Frühstück serviert, eingefroren oder zu einer Suppe verarbeitet. So stellen wir sicher, dass wir kaum etwas wegwerfen müssen. Pro Woche gibt es einen vegetarischen Tag und jeden zweiten Freitag steht Fisch auf dem Speiseplan. Man ist davon weggekommen, Fisch jede Woche zu servieren, um sich Fisch von nachhaltigen und kontrollierten Lieferanten leisten zu können.

Anzahl Gäste am Morgen:	ca. 80
Anzahl Gäste am Abend:	ca. 140
Anzahl Teammitglieder:	6 plus eine Leiterin
Anzahl freiwillige Helfer:	ca. 50
Anzahl Vorstandsmitglieder:	8
Milchverbrauch pro Tag:	ca. 30 Liter
Kaffeeverbrauch pro Tag:	ca. 30 Liter
Butterverbrauch pro Tag:	ca. 2.5 kg
Konfitüreverbrauch pro Tag:	ca. 4.5 kg
Brotverbrauch pro Tag:	ca. 20 kg
Zuckerverbrauch pro Tag:	ca. 2 kg
Gemüseverbrauch pro Tag:	ca. 20 kg
Beilagen pro Menu:	Teigwaren: 12 kg, Reis: 8 kg, Kartoffeln: 25 kg
Fleisch, bspw. Rindsragout:	12 kg

Für mehr Wahlfreiheit beim Essen

Nora Bertschi

Aktuelle Zahlen zur Umweltbelastung und ihren Ursachen lassen aufschrecken. Bis anhin wurden Umweltprobleme vor allem unter dem Gesichtspunkt des Verkehrs oder allenfalls unter dem Aspekt der ökologischen Bauweise diskutiert. Ein Punkt blieb jedoch lange Zeit ausgeklammert: Umweltprobleme sind zu einem grossen Teil auf unsere Ernährung zurückzuführen. In der Schweiz etwa entstehen 31 % der Umweltbelastung durch die Ernährung. Damit nimmt die Ernährung den gleichen Stellenwert ein wie die Bereiche Wohnen und Verkehr. Zudem bringen die Entsorgung von Lebensmitteln und der hohe Konsum von Tierprodukten enorme CO_2-Emmissionen mit sich. Gemäss der UNO-Welternährungsorganisation FAO verursacht die Nutztierhaltung 14.5 % der Treibhausgas-Emissionen. Sie ist damit ebenso klimaschädlich wie der Verkehr mit 15 %.

Fleischprodukte belasten im Vergleich zu pflanzlichen Produkten die Umwelt deutlich stärker. Zudem führen lange Transportwege, Fertigprodukte sowie die unnötige Produktion von Lebensmitteln, bekannt unter dem Begriff Foodwaste, zu einer erheblichen Ressourcenverschwendung. Hier ein Beispiel: Rund ein Drittel aller Lebensmittel, pro Jahr also rund 2 Millionen Tonnen, wird in der Schweiz nicht konsumiert. Dies betrifft die vermeidbaren Verluste und bemisst sich an der gesamten landwirtschaftlichen Produktion. Rund die Hälfte der Abfälle werden in Haushalten und der Gastronomie verursacht: Pro Person landen hier täglich 320 Gramm einwandfreie Lebensmittel im Abfall.

Aber Foodwaste und hoher Tierproduktekonsum sind nicht nur schädlich für die Umwelt. Sie führen auch zu Mehrkosten und belasten damit das Haushaltsbudget sowie unsere Staatsausgaben unnötig. Gleichzeitig verknappt eine durch Verlust erhöhte Nachfrage das weltweite Angebot an Lebensmitteln, während die Ernährungssicherheit vieler Menschen nicht gewährt ist.

Auf internationaler Ebene werden Möglichkeiten zur Reduktion der Nahrungsmittelabfälle bereits diskutiert. In der EU etwa hat sich das Europäische Parlament zum Ziel gesetzt, das Ausmass von Foodwaste bis ins Jahr 2025 zu halbieren. Zudem spricht sich die UNO für eine vermehrt pflanzliche Ernährung zur Bekämpfung des Welthungers, der Armut und des Klimawandels aus. Dieser Einfluss der Ernährung fliesst nach und nach auch in die Umwelt- und Armutspolitik der Schweiz ein. Auf Bundesebene wurde eine Projektgruppe zum Thema Foodwaste ins Leben gerufen sowie eine vertiefte Analyse der Thematik in der Schweiz in Aussicht gestellt. Im Kanton Basel-Stadt schliesslich werden vom Projekt Sentience Politics Unterschriften für eine Volksinitiative gesammelt mit dem Anliegen, die pflanzliche Ernährung zu fördern (siehe: http://sentience.ch/wissen/nachhaltige-ernahrung-2020/).

Ernährung über politische Vorgaben steuern zu wollen, ist heikel. Niemand will sich seine geliebte Bratwurst oder das Wiener Schnitzel nehmen lassen. Darum geht es aber bei entsprechenden Förderansätzen gar nicht. Das Anliegen der genannten politischen Bestrebungen ist es nicht, die Bevölkerung zu bevormunden und Vegetarismus oder gar Veganismus vorzuschreiben. Gibt man aber Menschen die Möglichkeit, eine nachhaltige Wahl zu treffen, nutzen sie diese auch vielfach. Genauso, wie ich mich heute entscheiden kann, ob ich mit dem Auto oder dem öffentlichen Verkehr zur Arbeit fahre, wünsche ich mir, auch bei der Ernährung die Wahl zu haben. Die Wahl nämlich für eine ressourceneffizientere, fairere, unabhängigere, gesündere und tierfreundlichere Variante.

Bettag – ein Feiertag?

Felix Hafner

Der in den Kantonen jährlich am dritten Septembersonntag gefeierte eidgenössische Bettag ist ein von ihnen angeordneter und kein bundesrechtlich vorgeschriebener Feiertag. Dies unterscheidet ihn vom 1. August, der in der Bundesverfassung geregelt und laut ihrem Art. 110 Abs. 3 den Sonntagen gleichgestellt und bezahlt ist.

Wie ist dieser Unterschied zu erklären? Der 1. August fand 1993 aufgrund einer von Volk und Ständen angenommenen Volksinitiative Aufnahme in die Bundesverfassung und ist deshalb der einzige bundesrechtlich geregelte Feiertag. Er ist vergleichsweise neuern Datums. Erst seit Ende des 19. Jahrhunderts wird er in Erinnerung an den 1. August 1291, dem angeblichen, d. h. historisch nicht belegten Gründungsdatum der Schweizerischen Eidgenossenschaft, regelmässig gefeiert.

Über den Bettag findet sich dagegen keine Bestimmung in der Bundesverfassung, obwohl er eine länger dauernde Tradition vorzuweisen vermag als der Bundesfeiertag. Die Wurzeln des Bettags liegen vor allem in den evangelischen Gebieten der nachreformatorischen Alten Eidgenossenschaft, in denen jährliche Gedenktage an Kriege oder Naturkatastrophen als Tage der Busse, des Fastens und Betens angeordnet wurden. Nach dem Untergang der Alten Eidgenossenschaft Ende des 18. Jahrhunderts erhielten diese Gedenk- und Bettage allmählich einen überkonfessionellen Charakter. 1832 hat sie dann die Tagsatzung – das einzige Bundesorgan der damals als Staatenbund organisierten Schweiz – zu dauerhaft institutionalisierten gemeineidgenössischen Dank-, Buss- und Bettagen erhoben.

Beim Bettag handelt es sich anders als beim Bundesfeiertag um einen ursprünglich religiös geprägten Feiertag. In gemeinsamen Gebeten und Gottesdiensten sollte daran erinnert werden, dass die Einwohnerinnen und Einwohner der Schweiz trotz konfessioneller und religiöser Vielfalt und trotz sprachlicher und politischer Differenzen eine in Frieden lebende Einheit bilden.

Heute spielen die traditionellen konfessionellen Unterschiede nur noch eine untergeordnete Rolle, bezeichnet sich doch ein grosser Teil der Bevölkerung – im Kanton Basel-Stadt ist es beinahe die Hälfte der Einwohnerschaft – als konfessionslos. Der Bettag betrifft somit auch viele Menschen, die in keinem religiös-konfessionellen Kontext leben wollen. Vor allem angesichts der verfassungsrechtlich garantierten Religionsfreiheit ist daher der von den Kantonen staatlich angeordnete Bettag in einem neuen Licht zu sehen: Einerseits noch immer als Tag des Gebets, anderseits aber auch als Tag, an dem gemeinsam darüber nachgedacht wird, was die Schweiz zusammenhält. Vor diesem zivilen oder – in der auf Jean-Jacques Rousseau zurückgehenden Terminologie formuliert – zivilreligiösen Hintergrund ist der Bettag freilich auch Menschen zugänglich, die keinen Bezug zum Glauben haben. So betrachtet, unterscheidet sich der Bettag allerdings nicht mehr wesentlich vom Bundesfeiertag, der dem Identität stiftenden Narrativ der gemeinsamen Geschichte gewidmet ist und damit auch der Reflexion über den Zusammenhalt der Schweiz dient.

Demut vor dem Amt

Christoph Eymann

Der dritte Sonntag im September wird in der Schweiz als Eidgenössischer Dank-, Buss- und Bettag begangen. Mancherorts erlässt die Regierung ein Bettagsmandat, um auf die Wichtigkeit dieses Tages hinzuweisen. Ein staatlicher Feiertag, der Bezug nimmt auf wichtige Elemente des Glaubens der Menschen wie Gebet, Reue und Dankbarkeit? Wird hier nicht die Grenze zwischen Religionsgemeinschaften und Staat verwischt? Der Regierungsrat des Kantons Basel-Stadt führt die Tradition des Bettagmandats fort. Der Bettag soll überkonfessionell von allen Religions- und Glaubensgemeinschaften gefeiert werden können. Damit zollt jede Religion Respekt auch gegenüber den anderen Konfessionen. Die jährliche Bettagsvesper im Basler Münster verdeutlicht dies in schönster Weise.

Welche Errungenschaft ist für die Menschen in unserem Land die wichtigste? Sicher gehören die Freiheitsrechte und Integritätsgarantien dazu. Ein Staat, der sein Volk vor Willkür der Obrigkeit schützt durch mitgestaltbare Gesetzgebung, eine unabhängige Rechtsprechung sowie eine integre Verwaltung gewährt seinem Volk weitgehende Freiheiten.

In unserer Bundesverfassung findet sich eine Stelle, die weltliche Macht relativiert: «Im Namen Gottes des Allmächtigen …» heisst es in der Präambel unserer Bundesverfassung. In der Verfassung von Basel-Stadt heisst es: «In Verantwortung gegenüber der Schöpfung und im Wissen um die Grenzen menschlicher Macht …». Damit werden die Kompetenzen der Menschen relativiert und in Relation zur Schöpfung oder eben in Relation gesetzt zu einem höheren Wesen, an das zu glauben die Menschen frei sind. Die Gesetzgeber wollen damit zum Ausdruck bringen, dass es jenseits menschlicher Macht noch andere Werte gibt, die uns leiten. Ehrfurcht vor der Schöpfung oder vor einem Schöpfer.

Leidvolle Erfahrungen aus der Geschichte haben dazu bewogen, Gesetze so zu gestalten, dass eine weitgehende Entfaltung des Menschen erfolgen kann. Als Sicherung ist eine – etwas technokratisch ausgedrückt – moralische Kompetenzbremse eingeführt worden, die uns zeigen soll, dass wir nicht alleine sind und nicht losgelöst von anderen Werten und Mächten Entscheide treffen sollen. Demut vor dem Amt ist gefordert. Das gilt besonders für Regierungsmitglieder.

Die Gedanken, die Präambeln in Verfassungen hervorrufen, sind ähnlich denjenigen, die der Bettag auslöst. Ein Tag, der Anlass gibt zum Reflektieren. Habe ich mich dankbar gezeigt gegenüber dem Schicksal oder einer höheren Macht? Habe ich anderen gegenüber etwas gutzumachen?

In einer Zeit, in der unsere Gesellschaft Gefahr läuft, sich zu entsolidarisieren, in der die Dankbarkeit für die Privilegierung nicht selbstverständlich ist; gerade in solchen Zeiten darf eine Kantonsregierung auf diesen Tag hinweisen. Der Staat überschreitet dadurch keine Grenze. Der Staat tritt dem Einzelnen nicht mit dem Mahnfinger entgegen. Unser Staat gibt uns mit diesem Tag vielmehr Gelegenheit, unser Leben und Wirken in einem grösseren Zusammenhang zu betrachten, eigene Probleme zu relativieren und den Blick auf den Mitmenschen zu richten.

REFORMATIONS-SONNTAG

ICH BIN
SO FREI

UND REFORMIERE DIE
KIRCHE MIT.

Reformation als Auftrag

Georg Vischer

Als «reformierte» Christen tragen wir die Reformation gewissermassen als Fahne vor uns her. Wir sind «reformiert», weil unsere Vorfahren vor 500 Jahren das kirchliche Leben neu geordnet und mittelalterliche Fehlentwicklungen korrigiert haben. Vergessen geht dabei, dass in den 500 Jahren von Anfang an neue Fehlentwicklungen zugelassen oder nötige Erneuerungen nicht vollzogen wurden. Reformation als Prozess der Wiederherstellung einer Gestalt der Gemeinde Christi, die seinem Ruf und Zuspruch entspricht, ist kein Erbstück, sondern ein Auftrag.

Die Reformation vor 500 Jahren war nach der Absicht derer, die sie auslösten und gestalteten, in erster Linie nicht Strukturreform oder Neuordnung der kirchlichen Organisation entsprechend den Bedürfnissen der Zeit. Den Reformatoren ging es um ein neues Hören auf Gottes Wort und Willen. Kurz und formelhaft ausgedrückt war ihre Erkenntnis: Wir Menschen werden «gerettet», «erlöst», «gerechtfertigt» – finden uns im innersten Kern unseres Selbst bejaht – allein durch den Glauben, das Vertrauen auf Gnade, allein durch die Berührung der göttlichen Liebe, nicht aber durch unsere «Werke», nicht durch das, was wir uns durch unser Tätig-Sein an Eigenschaften, Leistungen und Einsichten erwerben.

Dass diese Botschaft in der Gesellschaft des ausgehenden Mittelalters revolutionär wirkte und religiös begründete Machtansprüche und Unterdrückungsmechanismen erschütterte, eine schwelende Krise des Heiligen Römischen Reichs Deutscher Nation zum vollen Ausbruch brachte und feudale Herrschaftsrechte kirchlicher Würdenträger in Frage stellte, war Folge, nicht Absicht der reformatorischen Lehre. Die Reformation war ein Funke, der europaweit auf ein politisches Pulverfass traf: die zunehmende Auflösung feudaler Strukturen und Ansprüche.

So hatte in Basel der «Fürstbischof» seine feudalen Rechte in der Stadt bereits im 15. Jahrhundert weitgehend verloren und seine Residenz endgültig ausserhalb der Stadt errichtet. 1521 verweigerten die selbstbewussten Bürger der Stadt den jährlichen Gehorsams-eid gegenüber Bischof und Stift. Zuvor schon waren 1515 die patrizischen Privilegien der Adligen und Achtburger abgeschafft worden. Von 1521 bis 1526 wurde eine Gewerbereform durchgeführt. Erst einige Jahre danach wurden 1529 auch die kirchlichen Belange neu geregelt, und dies mit einer vom Rat erlassenen Reformationsordnung als politischem Ordnungsakt.

Im Kern aber, in der Absicht war die Reformation ein geistlicher Ruf entsprechend der Aufforderung des Apostels Paulus an die Römer:

Geschwister, nun ermutige ich euch durch die Erbarmungen Gottes,
eure Leiber bereitzustellen:
ein lebendiges, heiliges Opfer,
wohlgefälliges Einhergehen vor Gott, euren wortgemässen Dienst.
Und passt euch nicht dieser Epoche an,
sondern gestaltet euch um durch die Erneuerung des Erwägens,
um zu erproben, was der Wille Gottes sei:
das Gute,
das wohlgefällige Einhergehen,
das Ganze.
(Röm 12,1–2, Übersetzung Gerhard Jankowski)

Reformation wäre bis heute eben dieses Umgestalten: das Bereitstellen unserer Leiber, mit denen wir leben, handeln und leiden, als ein lebendiges, heiliges Opfer, kein Schlachtopfer, um einen zornigen Gott zu versöhnen, sondern ein Dankopfer, um unsere Erlösung zu preisen und zu leben; eine Lebensgestaltung, die dem erkannten Willen Gottes, der Gnade, dienen will, dem Suchen nach dem Guten, das das Ziel alles Unvollkommenen ist; eine Suche nach dem Ganzen in allen Bruchstücken des Lebens, bei uns und unseren Nächsten und in der Welt.

«Reformiert sein» ist von daher gesehen ein Widerspruch in sich selbst. Den Willen Gottes durch Erproben suchen, das ist nicht Eigenschaft, sondern Auftrag: Gestaltet euch um!

Tag der protestantischen Solidarität

Franz Christ

Schon in der alten Eidgenossenschaft beschlossen die evangelischen Orte in Notzeiten gemeinsame Bettage, an denen für bedrängte Glaubensgeschwister gesammelt wurde. Darin ist eine Vorform des Tags zu erkennen, an den seit über hundert Jahren die Reformationskollekte für Protestanten in der Diaspora geknüpft ist. Es war der erste reformierte Pfarrer in Fribourg, Wilhelm Le Grand, der den Anstoss zu einem schweizerischen Hilfswerk für die reformierte Diaspora gab. Schon 1841 regte er eine gemeinsame Kollekte an: «In Betreff des zu bestimmenden Sonntags wäre es lieblich», wenn jährlich in allen schweizerischen Kirchen ein Reformationssonntag gefeiert würde, wie es bereits in Basel der Fall sei, an dem man das Wesen und den Segen der Reformation darlege und dann einfach und natürlich die Ermunterung an die Zuhörer anschliesse, ihren Dank Gott gegenüber für die Segnungen der Reformation «dadurch werktätig zu beweisen, daß sie mit einem Scherflein dazu beitragen, daß dieselbe Wohltat ihren Glaubensgenossen erhalten oder verschafft werde» (Eberhard Vischer, Das Werk der schweizerischen protestantisch-kirchlichen Hilfsvereine, Basel 1944, S. 39).

Le Grand entstammte einer Familie, die im 17. Jahrhundert wegen ihres evangelischen Glaubens aus den spanischen Niederlanden nach Basel gekommen war. In der Freiburger Diaspora vertrat er die Überzeugung, der Pfarrer müsse fest auf dem Boden des reformatorischen Glaubens stehen, aber bei aller Überzeugungstreue im Frieden mit der katholischen Bevölkerung leben. Er war ein origineller Mensch mit ausgeprägter sozialer Gesinnung. So soll er zu Spenden aufgerufen haben: «Moi, Guillaume le Grand, j'ordonne, ouvrez vos bourses!» (Ebd., S. 30.) Le Grand, dessen Vater eine Seidenbandfabrik gründete, erlebte durch Frau von Krüdener eine Erweckung im Glauben. Insofern mag er als Beispiel der Verbindung von wirtschaftlichem Pioniergeist, pietistischer Frömmigkeit und gemeinnützigem Engagement gelten – eine Verbindung, die Basel stark geprägt hat und die bis heute in Mäzenen nachwirkt, die in ihrer Grosszügigkeit persönlich bescheiden geblieben sind.

Als Zürich 1819 seiner Reformation gedachte, wurde die Einführung eines jährlichen Reformationssonntags gefordert und von 1843 an wurde der erste Sonntag im November dann auch in Zürich als solcher gefeiert. Erst 1896 zogen alle reformierten Kantone nach. 1897 wurde von den protestantisch-kirchlichen Hilfsvereinen zum ersten Mal eine Reformationskollekte erhoben.

Das Reformationsgedenken und eine Sammlung für die Glaubensgenossen sind also seit langem miteinander verflochten. Der Reformationstag hat im Kirchenjahr neben den Christusfesten seinen Platz in der langen Reihe der Sonntage nach Pfingsten. Es ist die Zeit der Kirche. Der Reformationssonntag vergegenwärtigt heute, da die säkulare Diaspora längst die konfessionelle abgelöst hat, dass wir Christen «als Fremdlinge in der Diaspora leben» (1Petr 1,1). Es trifft sich insofern gut, wenn der Reformationssonntag sich mit Allerheiligen reibt, das immer mehr zu einem neuheidnischen Halloween wird. Er macht uns bewusst, auch als Minderheit in freudiger Selbstverantwortung mit den vielen verbunden zu sein, die Christus für die Freiheit freigemacht hat. Und er ermuntert uns, «allen Menschen Gutes [zu] tun, am meisten aber denen, die mit uns im Glauben verbunden sind» (Gal 6,10). Das ist in der festlosen Zeit des Kirchenjahres eine Feier wert.

Wider die Trägheit

Antonio Loprieno

Für einen Waldenser stellt der Reformationssonntag immer eine kleine Herausforderung dar. Waldensertum ist kein Bekenntnis, sondern eine kulturelle Identität. Ich frage mich: Von welcher Kirche feiere ich heute die Erneuerung, ja fordere ich sie sogar durch das Fest? Von der mittelalterlichen, an Armut und Busse orientierten, «häretischen» Bewegung, oder von der durch die Synode von Chanforan (1532) entstandenen, an der Genfer Reformation orientierten reformierten Konfession? Oder feiere (und damit fordere) ich vielmehr heute, wie alle Protestanten, die Erneuerung der christlichen Kirche als Zeugin der Frohen Botschaft schlechthin?

Wahrscheinlich ein bisschen von allem. Denn es gibt keinen wirklichen Unterschied zwischen den drei Perspektiven. Historische Erkenntnis, theologisches Bekenntnis und religiöser Glaube sind lediglich drei Facetten eines einheitlichen Narrativs, jenes des menschlichen Vertrauens in die sinnstiftende Funktion der Erneuerung des Wissens als Bedingung für einen lebendigen Glauben. Am Reformationssonntag feiern wir nicht Pierre Valdès, Martin Luther oder Johannes Oekolampad als historische Gestalten, sondern wir vergegenwärtigen uns durch das religiöse Ritual die Überzeugung, dass es ohne schmerzhafte individuelle Brüche keine gemeinsame christliche Kirche geben kann. Rituale enthalten gleichzeitig ein wiederkehrendes und ein bekehrendes Moment. Gerade wenn wir uns einbilden, unseren Glauben schon reformiert zu haben, brauchen wir die eindringliche Erinnerung an den immer wieder aufwühlenden Charakter der wahren Reformation.

Dies ist übrigens auch der Sinn aller Feste im Kirchenjahr überhaupt. Das Kirchenjahr spiegelt unsere gemeinschaftliche und individuelle Heilsgeschichte wider. Wir warten (Advent) auf das Kommen des Erlösers (Weihnachten), wir bereiten uns auf die Erfahrung des Todes (Karwoche) und bekennen uns zu dessen transitorischer Natur (Ostern), wir feiern die Gegenwart der Endzeit (Auffahrt) und drücken unser Vertrauen in den Plan Gottes aus (Pfingsten). Auch am Reformationssonntag gedenken wir einer gleichsam bestätigenden und transformierenden Wiederkehr: Unserer Sehnsucht nach Menschen, die unsere Trägheit herausfordern und die uns immer wieder an die unbehagliche Seite des Glaubens erinnern. Oft unangenehme, aber umso unverzichtbarere Menschen, die – wie damals 1517 *pars pro toto* ein Augustinermönch namens Martin Luther – periodisch in die Geschichte des Christentums eingreifen, die bestehende Strukturen einer träge gewordenen Kirche in Frage stellen und zu einer Hinwendung zum Kern der Frohen Botschaft aufrufen. Der Reformationssonntag ist kein *feel good*-Fest für Protestanten, egal ob waldensischen, lutherischen oder calvinistischen Bekenntnisses: Vielmehr stehen gerade evangelische Christen an diesem Tag in der Pflicht, sich selbst über ihre Trägheit Rechenschaft abzulegen und aktiv um eine Erneuerung der Kirche zu werben. Angefangen mit dem eigenen Herzen.

Ein reformiertes Reformationsfest?

Michael Bangert

Die Hammerschläge, mit denen der scheue Augustinermönch, Martinus Luther, seine 95 Thesen am 31. Oktober 1517 an die Tür der Schlosskapelle in Wittenberg nagelte, sind lange verhallt. Sie fanden in den evangelischen Kirchen Europas – auch in Helvetien – ein weihevolles Echo. Luthers Ansichten zu Ablass und Busse wurden als der Beginn einer neuen Zeit gefeiert.

Doch warum will mir nicht einleuchten, dass der «Thesenanschlag» Anlass für ein lebensfrohes Fest ist? Es liegt nicht daran, dass Luthers Überlegungen noch der theologischen Gärung bedurft hätten. Es ist etwas Anderes, seltsam Diffuses, das mich zögern lässt.

Dem will ich nachgehen. Oder besser gesagt: hinauf. Denn wenn ein Christkatholik zu den reformierten Freunden in Basel will, dann muss er zwangsläufig einen recht steilen Weg nehmen. Die Basler Reformierten haben ihr Hauptquartier an einem erhabenen Platz hoch über dem Rhein. Im Schatten des wunderbaren Münsters finde ich den Reformator von Basel. Natürlich nicht ihn selbst, sondern ein Denkmal jenes gebildeten Hans Husschyn – oder vornehmer: Johannes Oekolampad. Da steht er also: Ein strenger Mann mit wallendem Bart, grimmigem Mund und bedeutungsvollem Blick. Seine Körperlichkeit versinkt im übergrossen Gelehrtenmantel. Die Humanisten-Kappe schützt den klugen Kopf. Einen kleinen Schritt nur wagt der Reformator auf seinem Sockel, aber von Stand- und Spielbein weiss er nichts. Lediglich der eine Arm macht eine abwehrend-ungelenke Bewegung. Dieser Körper tanzt nicht.

Die frommen Basler in der Nachfolge des Oekolampad hatten wohl keinen Sinn für Hüftschwung, Gestik und leidenschaftlichen Auftritt. Die Reformierten in Basel scheinen nicht zu tanzen, nicht zu schwelgen und nicht zu singen.

Am Anfang gab es nicht einmal Musik im Gottesdienst. Allein das stille Hören und Bedenken des göttlichen Wortes sollte genügen. Das ist fraglos eine grosse, verehrungswürdige Frömmigkeit! Nur ein Fest im Sinne der Bibel entsteht dadurch nicht. Das Überschäumende eines Festes traue ich dem umsichtigen Oekolampad nicht zu. Das reformierte Leben kann so gemessen, innerlich und würdevoll sein, dass vermutlich bester Wein eher in Wasser rückverwandelt würde, als dass man sich damit betrinken könnte.

Es muss ein Fest zur Erinnerung an die Reformation geben. Nicht nur wegen des gewaltigen kulturellen Schubs, den sie hervorbrachte. Gerade weil es schwer fällt, etwas zu feiern, was der Weisung unseres Herrn widerspricht («Damit sie eins seien!» Joh 17,11), sollten wir es gemeinsam tun. Damit die Polarität des katholischen Prinzips vom «Lustvoll-Verschwenderischen» und die reformierte Maxime des «Schlicht-Genügsamen» in einer Gastfreundschaft von biblischem Ausmass zusammengeführt wird! Wie wäre es, wenn wir aufeinander warteten, wie der barmherzige Vater aus dem Gleichnis Jesu (Lk 15) zu warten vermochte: Gütig und mit Leidenschaft! Dann könnten wir beim gegenseitigen Wiederfinden ohne Bedenken essen, musizieren, tanzen, lachen und trinken. Eben weil wir uns als Geschwister, die verloren waren, wiedergefunden hätten. Das wäre ein Fest!

Ausblick auf das Reformationsjubiläum

Martin Breitenfeldt

Sie hallen bis heute nach, Luthers Hammerschläge, mit denen er 1517 seine Thesen an die Wittenberger Schlosskirchentür nagelte und damit die Reformation anstiess. Unzählige Male in Bild und Film dargestellt wirkt die bekannte Szene immer weiter. Ob sie real je so stattgefunden hat, darf bezweifelt werden. Vermutlich hat, wie damals üblich, der Büttel die Papiere des Gelehrten ausgehängt. Nicht nur dieses prominente Beispiel belegt: nicht präzise historische Fakten der Geschichte wirken auf uns, sondern die Vergegenwärtigung und Inszenierung von Geschichten. Wenn niemand mehr gedenkt, geht auch das Wichtigste vergessen; dieses Prinzip ist umkehrbar. Jubiläumsfeiern drücken in der Regel mindestens ebenso viel über das Selbstverständnis der Feiernden aus wie über das Geschehene selbst.

Das deutsche Luthertum ehrte in jedem Jahrhundert seinen Helden Martin Luther auf eine andere Art und Weise, aber immer gern und gross, auch heuer. Wie aber geht der nüchtern-schlichte Schweizer Protestantismus mit den reformatorischen Akteuren und deren Geschichten um? Seine traditionelle Aversion gegen Bilderverehrung und herausragende Leitungsfiguren macht es ihm nicht eben einfach, ein Jubiläum zu gestalten. Dazu kommt: Wie stark Kirche und Christentum einschliesslich ihres spezifisch reformierten Lagers dieses Land über Jahrhunderte geprägt haben, scheint im öffentlichen Bewusstsein momentan nur schwach präsent. So war in den letzten zwei Jahren auch im noch vor hundert Jahren ganz und gar reformierten Zürich zunächst Überzeugungsarbeit für das Reformationsjubiläum zu leisten. Aber es handelt sich beim Thema Reformation nun einmal nicht einfach um ein kirchliches Gründungsjubiläum, das die Reformierten unter sich feiern würden. Nach über zwei Jahren sind wir heute weiter. Die Zwinglistadt akzeptierte als Erste in der Schweiz offiziell den Titel «Reformationsstadt Europas». Kanton, Stadt und reformierte Kirche sowie Zürich-Tourismus gründeten

eine gemeinsame Organisationsplattform. In dessen Grundlagen-
dokument heisst es:

> *Zürich ist mit Genf und Wittenberg eines der drei wichtigsten
> Zentren der europäischen Reformation des 16. Jahrhunderts.
> Diese war ein vielgestaltiger Prozess mit Licht- und Schatten-
> seiten und hat nachhaltige globale Wirkungen gezeitigt. Die
> emanzipatorischen unter ihren Inhalten haben die Ideen von
> individueller Menschenwürde und Demokratie ebenso wie Un-
> ternehmergeist, Wertekanon, Bildungswesen, Kultur und Men-
> talitäten nicht nur in Zürich, sondern in der gesamten west-
> lichen Welt mitgeprägt. Zürich hat so, bis heute wirksam, ein
> Stück Freiheitsgeschichte geschrieben. Das gilt es ins Bewusst-
> sein zu rufen, zu feiern, zu vertiefen.*

Die Schweizer Reformation steht den Wirkungen der von Wittenberg ausgegangenen Reformation Luthers tatsächlich in nichts
nach, weder das Kirchliche betreffend noch das, was weit darüber
hinaus geht. So gibt es heute mehr Reformierte als Lutheraner in
der Welt. Und vor allem weil der «reformierte» (= in der Schweiz
entstandene) Strang der Reformation von Anfang an demokratische
Elemente in sich trug, lassen sich die Gene reformierten Gedanken-
gutes in der DNA westlicher Politik-, Wirtschafts- und Wertesys-
teme einfacher nachweisen als die des damals vor allem fürstlich
protegierten Luthertums. Dass die lutherische Reformation heuer
fast überall mit ungleich grösserem Aufwand gefeiert wird als die
reformiert-schweizerische, sagt also nichts über die Bedeutung der
jeweiligen Bewegung aus. Es liegt am Selbstverständnis der Erben.
   Reformierten wird es eben aus diesem Selbstverständnis heraus
nie um übertriebene Selbstinszenierung gehen. Echte Reformierte
sind dankbar für die Qualitäten der eigenen Bewegung, aber sie
werden diese nie laut preisen. Auch um Abgrenzung und Konkurrenz wird es ihnen nicht gehen. Sondern um wahrnehmen, begegnen, verstehen. Und genau dies kann in diesem runden Jubiläum
geschehen wie nie zuvor. Denn beide konfessionellen Stränge –
Lutheraner und Reformierte – können das fünfte runde Jubiläum
heute gemeinsam und im Austausch begehen. Das ist nicht selbst-

verständlich. Denn lange gingen Lutheraner und Reformierte in vielen Gebieten Europas getrennte Wege. Erst 444 Jahre nach dem folgenschweren Treffen Luthers und Zwinglis in Marburg, das die beiden Konfessionen entzweite, fand man zur Kirchengemeinschaft: Die «Leuenberger Konkordie», unterzeichnet 1973 im Namen gebenden Tagungshaus bei Liestal, beendete die konfessionelle Trennung der protestantischen Schwesterkirchen. An den Feierlichkeiten zum 500-Jahr-Jubiläum der Reformation werden zudem voraussichtlich auch Freikirchen mitwirken. Selbst Katholiken bereiten sich unterdessen auf ein Mit-«Gedenken» (wenn auch nicht Mit-«Feiern») vor. Diese ökumenische Vielfalt war noch beim 400-Jahr-Jubiläum der Reformation nicht möglich gewesen und zeichnet dieses fünfte positiv aus.

Auch meine Wahlheimat Basel hat unterdessen den Titel «Reformationsstadt Europas» bekommen. Die weltoffene Stadt am Rhein hat schon seit den Tagen des «Narrenschiffes» und des Zuzugs von Erasmus ihre eigene, interessante Geschichte des epochemachenden Ereignisses Reformation geschrieben und später eine ganz eigene Farbe reformierter Kirchlichkeit hervorgebracht. Gemeinsam mit Christinnen und Christen in Zürich, Genf und weiteren Orten Europas und der Welt wird auch im Basler Reformationsjubiläum die Freude über die Wiederentdeckung des Evangeliums damals gefeiert werden. Diese Freude über das damals neu Geschenkte will aber auch hier und heute Denken und Fühlen neu öffnen für die Botschaft, aus der heraus die Kirche lebt und den Menschen dient.

So geht es beim Reformationsjubiläum nur nebenbei um die Vergegenwärtigung von Vergangenem, und gar nie um Selbstinszenierung auf Kosten anderer. Wer die Reformation des 16. Jahrhunderts gar als nostalgisch-triumphalistisches Heldengedenken feiern wollte, würde ihr Anliegen verraten. Denn Reformation drängt auf notwendigen Wandel, heute wie damals.

Im Kern sollte das Jubiläum Anlass sein, dass wir als Christinnen und Christen uns an der Frohen Botschaft freuen und prüfen, welche Früchte der Reformation uns heute Wegzehrung für die Zukunft sein können. In Zeiten dramatischer Veränderungen in Kirche und Gesellschaft wird «reformiertes» Reformationsjubiläum selbst ein Stück Reformation sein.

Nachwort

Eva Herzog

Wir haben alle Erinnerungen an die Fest- und Feiertage unserer Kindheit. Da ich in einem katholischen Elternhaus aufgewachsen bin, sind es bei mir die christlichen Festtage. Bis heute liebe ich insbesondere Weihnachten, sicher auch, weil ich am 25. Dezember Geburtstag habe und dies immer ein spezieller Tag war – und es bis heute ist. Alle sind zu Hause, alle haben Zeit, Geburtstag wird bei einem guten z'Morge gefeiert, friedliche Tage zwischen Weihnachten und Neujahr – bis einem regelmässig die Decke auf den Kopf fällt und man schleunigst etwas unternehmen muss.

Die religiösen Feiertage geben auch dem Jahresablauf der säkularisierten Gesellschaft eine Struktur. Sie bieten Gelegenheit zum Innehalten, der Hektik zu entweichen, Distanz zu gewinnen vom Alltag. Sie kreieren Gewohnheiten, Gewohnheiten geben Halt und Struktur und vor allem Kinder lieben Wiederholungen, Rituale: die Vorfreude, das dem Christkind und dem Osterhasen Entgegenfiebern – und sie machen immer noch mit bei der Eier- und Geschenksuche, auch wenn sie längst wissen, wer die Gaben versteckt hat. Religiöse und heidnische Rituale vermischen sich und machen es möglich, dass Menschen unterschiedlicher kultureller Herkunft sie gemeinsam erleben und feiern können.

Um die kirchlichen Feiertage in den Vordergrund zu stellen, hat die Evangelisch-Reformierte Kirche Basel-Stadt im vergangenen Kirchenjahr das Projekt «feste feiern» durchgeführt. Mit Leuchttürmen hat sie ihre Feiertage beleuchtet und in den Vordergrund gestellt. In eine breite Öffentlichkeit haben sich die blauen Schafe im Kreuzgang des Münsters gedrängt. Knallig standen sie da und zogen die Blicke neugieriger Passanten an.

Wir als Kanton sind angehalten, allen Religionen mit der gleichen Offenheit zu begegnen. Mit der neuen Kantonsverfassung kennen wir auch die Anerkennung privatrechtlicher Religionsgemeinschaften. Mittlerweile wurden drei privatrechtliche Religionsgemeinschaften anerkannt, darunter mit den Aleviten auch eine nicht christlich-jüdische Gemeinschaft. Die christlichen Feste gehören zu unserer Kultur – die sich durch den Wandel der Zeiten und die Kontakte mit anderen Kulturen und Religionen verändert. So finde ich es schön, wenn wir unsere Feste feiern und teilen und auch die Feste anderer Kulturen kennenlernen. Sie können zum gegenseitigen Verständnis und guten Zusammenleben beitragen.

Ich danke der Evangelisch-Reformierten Kirche Basel-Stadt für ihr Projekt «feste feiern» und wünsche uns, dass diese Erlebnisse uns noch lange begleiten.

Die Autorinnen und Autoren

Michael Bangert, 1959, Pfarrer der Christkatholischen Kirche Basel-Stadt

Nora Bärtschi, 1987, Juristin, Grossrätin Grüne Basel-Stadt

David Bollag, 1958, Rabbiner, Lehr- und Forschungsbeauftragter an der Universität Luzern

Martin Breitenfeldt, 1957, Geschäftsführer des Vereins 500 Jahre Zürcher Reformation

Christine Burckhardt-Seebass, 1937, emeritierte Ordinaria für Volkskunde an der Universität Basel

Franz Christ, 1944, ref. Pfarrer zuletzt am Basler Münster

Florence Develey, 1970, ref. Pfarrerin in Reinach

Martin Dürr, 1959, ref. Pfarrer im Pfarramt für Industrie und Wirtschaft

Christoph Eymann, 1951, Regierungsrat des Kantons Basel-Stadt, Vorsteher des Erziehungsdepartements

Daniel Frei, 1960, ref. Pfarrer im Pfarramt für weltweite Kirche

Felix Hafner, 1956, Ordinarius für Öffentliches Recht an der Juristischen Fakultät der Universität Basel

Eva Herzog, 1961, Regierungsrätin des Kantons Basel-Stadt, Vorsteherin des Finanzdepartements

Franz Hohler, 1943, Schriftsteller, Kabarettist

Margot Käßmann, 1958, luth. Pfarrerin, Botschafterin für das Reformationsjubiläum 2017 in Deutschland

Andreas Klaiber, 1961, ref. Pfarrer in Riehen

Lukas Kundert, 1966, ref. Pfarrer am Basler Münster, Titularprofessor an der Theologischen Fakultät der Universität Basel, Kirchenratspräsident

Helen Liebendörfer, Stadthistorikerin, Dozentin, Autorin

Frieder Liebendörfer, Musiklehrer, Dirigent

Antonio Loprieno, 1955, Ordinarius für Ägyptologie an der Universität Basel, ehemaliger Rektor der Universität Basel

-minu, 1947, Journalist, Autor

Luzius Müller, 1969, ref. Pfarrer im Universitätspfarramt beider Basel

Giulietta Näf, 1979, Leiterin Gassenküche Basel

Philipp Roth, 1964, ref. Pfarrer im Kleinbasel

Hans-Adam Ritter, 1940, ref. Pfarrer, zuletzt in St. Leonhard, und Studienleiter im Forum für Zeitfragen

Peter Schmid, 1951, Altregierungsrat, Vizepräsident des Rates des Schweizerischen Evangelischen Kirchenbundes

Caroline Schröder Field, 1966, ref. Pfarrerin am Basler Münster

Benedict Schubert, 1957, ref. Pfarrer in Basel West

Andrea Spingler, 1979, ref. Pfarrerin in Basel West

Johannes Stückelberger, 1958, Kunsthistoriker, Dozent für Religions- und Kirchenästhetik an der Theologischen Fakultät der Universität Bern, Privatdozent an der Universität Basel

Luzia Sutter Rehmann, 1960, Titularprofessorin an der Theologischen Fakultät der Universität Basel, Studienleiterin in Biel

Roger Thiriet, 1949, Journalist, Autor, Medienbeauftragter der Evangelisch-reformierten Kirche Basel-Stadt

Georg Vischer, 1939, ref. Pfarrer, zuletzt Kirchenratspräsident

Erika Würz, ehem. Präsidentin des Allschwiler Kunstvereins, Buchautorin

Bildnachweis

Seite 10
Im Basler Münster wächst zu Ostern ein Garten.
(Foto: Christoph Zacher)

Seite 14
Adventsfeier in der Gemeinde Basel West
(Foto: Christoph Zacher)

Seite 18
Weltsprache Musik; eine Jazz-Nacht am Freitag vor Pfingsten
im Basler Münster (Foto: Christoph Zacher)

Seite 101
Kerzenlabyrinth in der Offenen Kirche Elisabethen zu Karfreitag
(Foto: Oliver Hochstrasser)

Seite 104
50 Blaue Schafe im Kreuzgang des Basler Münsters;
Kunstprojekt von Bonk und Reez (Foto: Christoph Zacher)

Seiten 23, 39, 55, 73, 89
Plakate der Kampagne: Designersfactory Basel